बिसरा चूल्हा बिसरे स्वाद

अवध के लोक व्यंजन

बिसरा चूल्हा बिसरे स्वाद

अवध के लोक व्यंजन

उर्मिला सिंह

शोध सहायक - आऋत् सोमवंशी

वाणी प्रकाशन

वाणी प्रकाशन

4695, 21-ए, दरियागंज, नयी दिल्ली 110 002

फ़ोन : +91 11 23273167 फ़ैक्स : +91 11 23275710

शाखाएँ

अशोक राजपथ, पटना 800 004, बिहार

कॉफ़ी हाउस कैम्पस, महात्मा गांधी मार्ग, इलाहाबाद 211 001, उत्तर प्रदेश

महात्मा गांधी अन्तरराष्ट्रीय हिन्दी विश्वविद्यालय, वर्धा 442 001, महाराष्ट्र

www.vaniprakashan.com
marketing@vaniprakashan.in
sales@vaniprakashan.in

Bisra Choolha-Bisrey Swad
Awadh ke Lok Vyanjan
by Urmila Singh

ISBN : 978-93-5518-051-3
Culture/Lok Dishes of Awadh

प्रथम संस्करण 2022

मूल्य : ₹ 1499

आर. टेक ऑफ़सेट प्रिंटर्स, दिल्ली-110032 में मुद्रित

वाणी प्रकाशन का लोगो मक़बूल फ़िदा हुसेन की कूची से

आभार

पुस्तक "बिसरा चूल्हा-बिसरे स्वाद : अवध के लोक व्यंजन" पूर्ण होकर आपके समक्ष है। इसके लिए सर्वप्रथम मैं माँ बेल्हा देवी को हृदय से प्रणाम करती हूँ जिनके आशीर्वाद से यह पुस्तक पूर्ण हो कर आपके हाथ में है। मैं अपने स्वर्गीय माता-पिता श्रीमती प्यारी सिंह व श्री धर्मराज सिंह को प्रणाम करती हूँ। आज वे जहाँ भी हैं अपने आशीर्वाद से मुझे अभिसिंचित कर रहे होंगे। माता जी के बताये हुए व बनाये हुए बहुत से व्यंजन मेरी रसोई का हिस्सा तो समय-समय पर बनते ही हैं, इस पुस्तक में भी उन व्यंजनों को यथास्थान सँजोया गया है।

मैं अपने पति श्री राजेन्द्र प्रताप सिंह 'मोती सिंह' (कैबिनेट मन्त्री, ग्राम्य विकास एवं समग्र ग्राम विकास, उत्तर प्रदेश शासन) के प्रति पुस्तक लेखन में सहयोग व सतत प्रेरणा देने के लिए आभारी हूँ। आऋत् (12 वर्ष) ने इस पुस्तक को श्लोक, सारणी व आयुर्वेद से जोड़ने का सुझाव दिया। इतनी अल्पायु में अत्यन्त सराहनीय सुझाव के लिए मैं आऋत को आशीर्वाद देती हूँ तथा उनके उज्ज्वल भविष्य की कामना करती हूँ। आऋत ने पुस्तक के शोध सहायक की भूमिका का भी बखूबी निर्वहन किया है।

मेरी बड़ी पुत्री डॉ. (श्रीमती) नीतू सिंह (एसोसिएट प्रोफ़ेसर, एंथ्रोपोलॉजी, विद्यान्त हिन्दू पी.जी. कॉलेज, लखनऊ) ने पुस्तक को लोक व्यंजनों तक ही सीमित रखने का सुझाव दिया। डॉ. नीतू सिंह ने पुस्तक को सम्पादित करने का कार्य किया। मैं अपनी पुत्री श्रीमती मीतू सिंह (एल. एल. एम.) व श्रीमती प्रेरणा सिंह (एसोसिएट कन्सल्टेंट, टी. सी. एस.), पुत्रवधू श्रीमती प्रिया सिंह, पुत्र श्री राजीव प्रताप सिंह का नाम लेना भी आवश्यक समझती हूँ। सभी बच्चों ने लुप्तप्राय लोक संस्कृति के विभिन्न पक्षों को संरक्षण के क्रम में पारम्परिक व्यंजनों को संग्रहित करने में मेरा उत्साहवर्धन किया।

श्री शिशिर सोमवंशी (अपर मण्डल रेल प्रबन्धक-पूर्वोत्तर रेलवे, लखनऊ) ने पुस्तक के प्रकाशन में विशेष सहयोग दिया। श्री आशीष कुमार सिंह (निदेशक, वित्त-वित्त मन्त्रालय, भारत सरकार) ने पुस्तक के नाम को अन्तिम रूप दिया। श्री क्षतिज सिंह (ए. जी. एम. -आई. सी. आई. सी. आई. बैंक) द्वारा इस पुस्तक के अंग्रेज़ी अनुवाद का सुझाव वास्तव में प्रासंगिक है। आप सभी आत्मीय-जन हैं और आपका सहयोग पुस्तक लेखन से प्रकाशन तक मुझे प्रतिपल मिलता रहा है।

अरुन्धती, अदित, अदिति, आऋत, रिदमन, रिशान व अभ्युदय की निरन्तर प्रशंसा मेरे लिए प्रेरणा का अजस्त्र स्त्रोत रही। इन सभी बच्चों ने पुस्तक लेखन के दौरान मेरे उत्साह को कम नहीं होने दिया। सभी को शुभाशीष।

लोक व्यंजनों के सांस्कृतिक महत्व को समझने में सहयोग के लिए डॉ. विद्या बिन्दु सिंह जी के प्रति भी मैं आभारी हूँ। मेरे पारिवारिक मित्र प्रशान्त सिंह ने समय-समय पर महत्वपूर्ण सुझावों द्वारा पुस्तक को और समृद्ध किया।

मैं हृदय से उनके प्रति आभार व्यक्त करती हूँ। शिवांगी व आशीष को धन्यवाद देती हूँ, जिन्होंने पुस्तक के मुखपृष्ठ को डिजाइन करने, टाइपिंग करने, व्यंजनों की फोटो को यथास्थान लगाने में अपना सहयोग दिया।

मैं वाणी प्रकाशन, नयी दिल्ली के प्रति पुस्तक के समयबद्ध प्रकाशन के लिए आभारी हूँ। अन्त में मैं उन सभी लोगों के प्रति हृदय से आभारी हूँ जिन्होंने जाने-अनजाने मुझे लोक व्यंजनों से परिचित कराया।

पुस्तक में जो भी त्रुटियाँ हैं, वह मेरी है। उसे मैं स्वीकार करती हूँ।

आपके बहुमूल्य सुझावों की प्रतीक्षा रहेगी।

उर्मिला सिंह

शारदीय नवरात्र, 2021
somvanshineetu@gmail.com

भूमिका

मुझे प्रसन्नता है कि 'बिसरा चूल्हा-बिसरे स्वाद : अवध के लोक व्यंजन' पुस्तक का हिन्दी संस्करण प्रकाशित हो रहा है। इस पुस्तक का अंग्रेज़ी अनुवाद प्रकाशनाधीन है। बहुत समय से मेरे पति व अन्य पारिवारिक मित्र मुझे पारम्परिक व्यंजनों पर पुस्तक लिखने हेतु प्रेरित कर रहे थे। यह सुझाव मैंने स्वीकार किया और यह पुस्तक आपके सामने है।

आज के तकनीकी युग में पूरा विश्व वैश्विक गाँव में बदल रहा है तथा वहीं इंटरनेट की व्यापक पहुँच ने सांस्कृतिक एकीकरण को बढ़ावा दिया है। अतः वर्तमान में यह प्रासंगिक है, कि लुप्तप्राय लोक व्यंजनों को लिपिबद्ध कर उनको संरक्षित किया जाये।

लोक व्यंजन केवल भोजन का अंश ही नहीं हैं अपितु अपने में पूरी लोक संस्कृति को समेटे हुए हैं। लोक संस्कृति में भोजन व व्यंजनों का स्थानीय, सामाजिक व आर्थिक जीवन से गहन सम्बन्ध होता है। थाली में परोसे गये व्यंजनों से पारिवारिक, सामाजिक व आर्थिक स्थिति का अन्दाजा लगान सहज होता है।

पारम्परिक व्यंजनों में सीखे हुए साझे-व्यवहार की झलक मिलती है। पारम्परिक व्यंजनों का प्रयोग त्यौहारों व अनुष्ठानों के अवसर पर समाज व रिश्तों को जोड़ता है। अतः ये व्यंजन नातेदारी, ग्रामीण या क्षेत्रीय एकीकरण को भी स्पष्ट करते हैं। त्यौहार व अनुष्ठान आदि में लोगों के एकत्रीकरण के अवसर पर बनाये जाने वाले व्यंजन जैसे-बड़ा, रसाद, सालन, मूछी इत्यादि अनगढ़ व बड़े बनाए जाते हैं। उनमें सजावट व नापतौल का आभाव होता है। नापतौल की ईकाइयों के रूप में अंदाज, अंजुरी, पसर, मन जैसी नापें व्यवहार में लायी जाती हैं। भोजन पकाने के बर्तनों में भी स्वास्थ्य छिपा रहता है, उदाहरण के तौर पर लोहे की कड़ाही, फूल की बटुली, लकड़ी का कठौता इत्यादि। किसी विशेष अवसर पर बनाए जाने वाले पकवानों का अपना सांस्कृतिक व औषधीय महत्व भी होता है, जैसे—गुड़धानी लपटा, बड़ा, पूड़ी-बखीर, सोठौरा, शिखरन, घुघुरी।

वर्तमान में पूरे भारत वर्ष में फिर से मोटे अनाज जैसे-जौ, ज्वार, रागी, बाजरा, कोदो, सांवा, कुटकी, कांगनी, मक्का की पौष्टिकता को स्वीकार किया जाने लगा है। ये सभी अनाज शरीर में उत्पन्न वात-पित्त व कफ को असन्तुलन को दूर करने में सहायक होते हैं। चरक के अनुसार वायु, पित्त व कफ के असन्तुलन से शरीर में रोगों का संग्रह होता है—

वायु: पित्त: कफ़श्चोक्त: शरीरो दोष संग्रह। (चरक सूत्र, 1/57)

इस प्रकार लोक जीवन में भोजन के पथ्य व अपथ्य पर विशेष ध्यान दिया जाता है।

यह पुस्तक लिखने के दौरान मैंने पाक कला से सम्बन्धित बहुत सी पुस्तकें बाजार व पुस्तकालय में देखी। मैंने देखा कि पाक कला से सम्बन्धित बहुत-सी पुस्तकें जो बाज़ार में उपलब्ध हैं, उनमें अधिकांश पुस्तकें पनीर के व्यंजन, मिठाइयाँ, सूप, सलाद केक,

बेकिंग, मुगलई व्यंजन, थाई, चाइनीज आदि पर आधारित रहीं। पारम्परिक व्यंजनों की पुस्तकें अत्यल्प ही मिलीं। अतः लोक व्यंजनों लिपिबद्ध करने का सुझाव मैंने सहर्ष स्वीकार कर लिया।

यह पुस्तक पूरी तरह शाकाहारी व्यंजनों तक सीमित है। पुस्तक में दिये गये सभी व्यंजन प्रतापगढ़, जौनपुर, सुल्तानपुर, फ़ैज़ाबाद इत्यादि जनपदों के ग्रामीण अंचलों में भोजन का अभिन्न अंग रहे है। व्यंजनों को लिखते समय यत्र-तत्र स्थानीय बोली के शब्दों का भी प्रयोग हुआ है। ये शब्द लोक संस्कृति में रचे बसे हैं जैसे, करछुल, पउनी, अहरा, चोखा, दरना, कूटना, बटूँली, पंचफोरन, इत्यादि। कुछ व्यंजनों के साथ-साथ उनका पारम्परिक महत्त्व भी उल्लिखित है।

लोक संस्कृति के आहार-विहार में ऋतुओं पर विशेष बल दिया जाता है। यही कारण है कि ग्रीष्म ऋतु में ठण्डे मसाले का प्रयोग अधिक होता है तथा शीत ऋतु में सौंठ, गुड़, सनई के फूल का साग जैसी चीज़ें खान-पान का अभिन्न अंग होती हैं। ये भोजन ऋतु व पारिस्थितिकी के अनुरूप होते हैं तथा औषधीय गुणों से युक्त होते हैं। यथास्थान इन पक्षों का भी उल्लेख किया गया है।

भारतीय संस्कृति में वर्ष के बारह महीनों को छः ऋतुओं में बाँटा गया है। ये छः ऋतुएँ हैं, वर्षा, ग्रीष्म, शरद, हेमन्त, शिशिर और बसन्त। इनमें से प्रत्येक ऋतु दो महीने की होती है। ये महीने हैं—चैत्र, बैसाख, ज्येष्ठ, अषाढ़, श्रावण, भादों , क्वार, कार्तिक, अगहन, पौष, माघ, फाल्गुन। लोक व्यवहारों में इन ऋतुओं का बहुत महत्त्व है। ग्रामीण अंचलों में खान-पान की प्राथमिकताएँ व निषेध ऋतुओं पर ही आधारित होती है। इन निषेधों को धर्म से जोड़ा गया है।

चैते गुड़ बैसाखे तेल, जेठे पन्थ[1] असाढ़े बेल।
सावन साग न भादों दही, क्वार करेला न कातिक मही[2] ।
अगहन जीरा पूसे धना[3], माघे मिश्री फागुन चना।
ई बारह जो देय बचाय, वहि घर बैद कबौं न जाय।।

उपर्युक्त कहावत भोजन सम्बन्धित निषेधों को स्पष्ट करती है। अर्थात् चैत्र माह में गुड़, बैसाख में तेल, ज्येष्ठ में यात्रा, अषाढ़ में बेल, सावन में साग, भादों में दही, क्वार में करेला, कार्तिक में मट्ठा, अगहन में जीरा, पूस में धनिया, माघ में मिश्री और फागुन में चना का व्यवहार कष्टकारी होता है। अतः इन सबका निषेध स्वास्थ्य की दृष्टि से आवश्यक है। किस ऋतु में क्या खाना चाहिए व किस ऋतु में किस अनाज व सब्ज़ी का निषेध है, इसमें प्रकृति के संरक्षण का भाव भी निहित रहता है। अवध में खान-पान से सम्बन्धित लोकोक्ति है:

सावन हर्रैं भादों चीत। क्वार मास गुड़ खायउ मीत।
कातिक मूली अगहन तेल। पूस में करै दूध से मेल।।

माघ मास घिउ खींचरि खाय। फागुन उठि के प्रात नहाय।
चैत मास में नीम बेसहनी। बैसाखे में खाय जड़हनी।।

जेठ मास जो दिन में सोवै।
ओकर जर[4] असाढ़ में रोवै।।

---

1 पन्थ - यात्रा
2 मही - मट्ठा
3 धना - धनिया
4 जर - ज्वर

ऋतुओं, चन्द्र मास व सौर मास की तुलनात्मक सारणी - पुस्तक में दी गई है।

सावन मास में हरैं, भादों मास में चिरायता, क्वार मास में गुड़, कार्तिक में मूली, अगहन में तेल, पौष मास में दूध, माघ मास में घी और खिचड़ी, फागुन मास में प्रातः स्नान, चैत मास में नीम का सेवन, वैशाख मास में जड़हन का भात खाना चाहिए। जेठ मास में दिन में सोने वाले व्यक्ति को अषाढ़ में ज्वर नहीं होता और वह स्वस्थ रहता है।

इस प्रकार की अनेकानेक लोकोक्तियाँ एवं कहावतें लोक जीवन की मौखिक परम्परा एवं अंग हैं। जो कि ऋतुओं और चन्द्र मास पर आधारित हैं।

इसी प्रकार नीति सम्बन्धी, शुभ, अशुभ सम्बन्धी, स्वास्थ्य सम्बन्धी, ज्योतिष सम्बन्धी, वर्षा, बुआई व खेती किसानी से सम्बन्धित अनेक लोकोक्तियों का प्रयोग किया जाता है। ये लोकोक्तियाँ दीर्घकालीन अनुभवों पर आधारित हैं। ये लोकोक्तियाँ प्रकृति, पर्यावरण, दैनिक जीवन, आहार-विहार, खेती-किसानी में शत-प्रतिशत सत्य खरी सिद्ध होती हैं।

पिछले लगभग 20-25 वर्षों में नगरीय जीवन में फास्ट फूड जैसे, पिज्जा, बर्गर, चाउमीन का चलन आम हो गया है। रसाद, खंड़रा, बेर्रा का हलुवा, महुआ का लाटा, बखीर जैसे व्यंजनो से आज की पीढ़ी अनजान है। मेरा प्रयास है कि मेरी पुस्तक 'बिसरा चूल्हा-बिसरे स्वाद : अवध के लोक व्यंजन' बिसरे व्यंजनों का पुनजीवन प्रदान करेगी। साथ ही पारम्परिक व्यंजनों को सहेजने के दायित्व का भी निर्वहन भी करेगी।

इस विश्वास के साथ कि मेरी पुस्तक के व्यंजन आधुनिक रसोई में लोक व्यंजनों को पुनः स्थान दिलाएँगे यह पुस्तक सुधी पाठकों को सौंपती हूँ।

उर्मिला सिंह

लोक शब्दावलियाँ

बटुँली पीतल का पात्र जो मटके के आकार का होता है तथा ग्रामीण अंचलों में दाल-चावल पकाने या उबालने में प्रयोग किया जाता है। अब इन पात्रों का प्रयोग बहुत कम होता है।

कठौता काठ (लकड़ी) का बना हुआ तसलेनुमा पात्र कठौता कहलाता है। रोटियाँ रखने के लिए कठौते का प्रयोग किया जाता था। अचार को बनाने व धूप में रखने के लिए ग्रामीण अंचलों में कठौता का ही प्रयोग किया जाता था। अचार तैयार होने के बाद कठौते से शीशे अथवा चीनी-मिट्टी के जार में भर कर वर्ष भर के लिए रखा जाता है।

छेमी हरे मटर की ताज़ी फली को छेमी अथवा छीमी कहा जाता है।

अमहर कच्चे आम को छीलकर उसके दो टुकड़े करके धूप में सुखा लिया जाता है। सूखी हुई आम की फाँकें अमहर कहलाती हैं।

पीठी उड़द की दाल (मूँग की दाल अथवा चने की दाल) को सात-आठ घण्टे पानी में भिगो दिया जाता है। भीगने से दाल फूल जाती है। फूली हुई दाल को सिल-बट्टे अथवा मिक्सी में मसालों के साथ पीसा जाता है। पीसी हुई दाल को पीठी कहा जाता है।

अहरा गोबर के उपले के सुलगते हुए लाल-लाल टुकड़ों को अहरा कहा जाता है।

चूनी अरहर की दाल के छोटे-छोटे टुकड़ों को चूनी कहा जाता है।

ठण्डा मसाला राई, लहसुन, हरी मिर्च व अमचूर या कच्चे आम के मिश्रण की तासीर ठण्डी होती है। अतः गर्मी में ठण्डे मसाले की सब्ज़ी का प्रयोग होता है।

कुटनी कुटने (सिल-बट्टे अथवा खल में) से तैयार तीखी चटनी।

कतरा टुकड़ा।

चोखा भर्ता को पूर्वी उत्तर प्रदेश में चोखा कहा जाता है। चोखा का शाब्दिक अर्थ है तीखा व चटपटा स्वाद।

गुरम्मा लोक जीवन में आम बोलचाल की भाषा में गुड़ को गुर कहा जाता है। अतः गुड़ में पकने के कारण अचार को गुरम्मा कहा जाता है।

अरबी घुईयाँ को अरबी भी कहा जाता है।

बफौरी	भाप का अपभ्रंश बाफ है। भाप से पकने के कारण यह सब्ज़ी बफौरी कहलाती है।
कोहडौरी	कद्दू को पूर्वांचल में कोहड़ा कहा जाता है। बड़ियाँ बनाते समय उड़द की पीठी में कोहड़ा को घिस कर मिलाने पर उड़द की बड़ी को कोहड़ौरी कहा जाता है।
पंचफोरन	राई, सौंफ, मेथी, मंगरैल, जीरा (पाँच मसाले) को बराबर मात्रा में मिलाकर तैयार मसाला पंचफ़ोरन कहलाता है। इसका प्रयोग सब्ज़ियों को छौंकने में किया जाता है।
राशन की सब्ज़ी	चने की दाल, उड़द की दाल, मटर की दाल इत्यादि से बनी पारम्परिक सब्ज़ियाँ (बफौरी, रिकवछ, कोदौला, खंडरा) को गाँवों में राशन की सब्ज़ी कहा जाता है।
कोरवर	राशन की सब्ज़ी बनाते समय तले हुए पकौड़ों को 'कोरवर' कहा जाता है।
भीजवर	कोरवर ग्रेवी में पक कर जब भीग कर मुलायम होता है, तो इस प्रकार तैयार सब्ज़ी को 'भीजवर' कहा जाता है।
सनई के फूल	सनई का फूल, सन के पौधे का फूल होता है। सन के तने के ऊपर निकली हुई छोटी या फिर थोड़ी बड़ी कलियों को सब्ज़ी के लिए प्रयोग किया जाता है। सनई का फूल बहुत से औषधीय गुणों से युक्त होता है।
पाकड़	पाकड़ का पेड़ गाँवों में बहुतायत से मिलता है। पाकड़ की पत्तियाँ व छाल कफनाशक व पित्त को शान्त करती हैं। इसमें एंटीसेप्टिक गुण भी होता है।

अनुक्रम

दाल-भात-खिचड़ी

लोक-मिष्ठान

रोटी - पराँठा

अचार

दाल की बड़ियाँ

अन्य

Rejoice plants with great joy, bearing abundant flowers and fruits, conquering over diseases. May you be victorious like quick horses, sprouting forth, nourishing men, safe beyond illness and disorder of body and mind.

ओषधीः प्रति मोदध्वं पुष्पवतीः प्रसूवरीः।
अश्वाइव सजित्वरीर्वीरुधः पारयिष्णवः।। ऋग्वेद

पारम्परिक सब्ज़ियाँ

आलू की ठण्डे मसाले की सब्ज़ी

सामग्री

500 ग्राम	आलू
2	कच्चा आम
2 चम्मच	सरसों
2	गाँठ लहसुन (छिला)
50 ग्राम	सरसों का तेल
1 चम्मच	हल्दी पाउडर
1 चम्मच	मेथी दाना
5-6	हरा मिर्च या एक चम्मच लाल मिर्च का पाउडर
	नमक स्वादानुसार

बनाने की विधि

- आलू को उबाल कर छील लें और उसको छोटे-छोटे टुकड़ों में काट लें।
- सरसों, लहसुन, मिर्च व आम एक साथ पीस लें।
- गैस पर लोहे की कड़ाही चढ़ा दें। गैस को जला दें। कड़ाही में तेल डाल दें। जब तेल गरम हो जाये तब उसमें मेथी डाल दें।
- मेथी लाल हो जाये तो कड़ाही में आलू डालकर अच्छी तरह से भूनें।
- आलू भुन जाये तब उसमें पीसा हुआ मसाला और हल्दी डालकर चला दें और तुरन्त पानी डाल दें। पानी लगभग आधा लीटर रहे।
- अब उसमें नमक डाल दें।
- जब सब्ज़ी उबलने लगे तब गैस को कम करके 10 मिनट तक धीमी आँच पर पकायें और गैस को बन्द कर दें।
- ठण्डे मसाले की सब्ज़ी बनकर तैयार है। गरमागरम परोसें।

सामग्री 7-8 व्यक्तियों के लिए पर्याप्त है।

विशेष : गरम मसाले का प्रयोग इस सब्ज़ी में नहीं किया जाता यही कारण है कि इन मसालों से तैयार सब्ज़ी को ठण्डे मसाले की सब्ज़ी कहा जाता है। इस मसाले की तासीर ठण्डी होती है। अतः इसे गर्मी में अधिक प्रयोग किया जाता है।
सभी व्यंजनों में प्रयुक्त एक चम्मच की माप का अभिप्राय - एक टी-स्पून है।

गेहूँ के आटे की धोख की सब्ज़ी

सामग्री

2 किलो	गेहूँ का आटा
250 ग्राम	सरसों का तेल
2	तेजपात
दो टुकड़ा	दालचीनी
4	हरी इलायची
4-5	फूल लौंग
1	चम्मच जीरा
1	चम्मच काली मिर्च
4	बड़ी इलायची
2	बड़ी प्याज बारीक़ कटी हुई
1 बड़ा गाँठ	लहसुन (छिला हुआ)
1 इंच टुकड़ा	अदरक
2-3	टमाटर
	हींग चुटकी भर
2 चम्मच	पिसी धनिया
1 चम्मच	पिसा लाल मिर्च
1 चम्मच	पिसी हल्दी
	नमक स्वादानुसार

सामग्री 10 व्यक्तियों के लिए पर्याप्त है।

बनाने की विधि

- आटे को पानी से मुलायम गूँध लें।
- किसी बड़े बरतन में पानी ले लें।
- गुँधा हुआ आटा लेकर पानी में मल-मल कर धोएँ। धोते-धोते आटा धुलकर निकल जायेगा उसका धोख बच जायेगा।
- धोख को एक मलमल के कपड़े में रखकर उसकी पोटली बना लें।
- एक भगोने में गैस पर पानी चढ़ा दें और गैस को जला दें।
- जब पानी उबलने लगे तब उसमें धोख की पोटली डालकर ढँक दें। गैस को धीमा कर दें।
- धोख को आधा घंटे तक उबलने दें। जब धोख उबल जाये तब गैस को बन्द कर दें और धोख की पोटली बाहर निकाल लें।
- पोटली ठंडी हो जाये तब उसको खोलकर धोख को छोटे-छोटे टुकड़े में काट लें।
- सभी मसाले जैसे जीरा, बड़ी इलायची, काली मिर्च, हरी इलायची, लौंग, आधी कटी हुई प्याज, अदरक, लहसुन एक साथ पीस लें।
- अब गैस पर कड़ाही चढ़ा दें और गैस को जला दें।
- कड़ाही में तेल डाल दें जब तेल गरम हो जाये तब उसमें धोख को हल्का तल लें, और उसको बाहर निकाल लें।
- दालचीनी, तेजपात, हींग को तेल में डाल दें और प्याज को डालकर लाल होने तक भूनें, जब तड़का तैयार हो जाए तब पिसा हुआ मसाला डालकर भूनें।
- जब मसाला भुन जाये और तेल अलग होने लगे तब उसमें धनिया, मिर्च, हल्दी डालकर भूनें।
- अब टमाटर को काटकर मसालें में डालकर भूनें।
- जब टमाटर भुन जाये और उसमें से तेल अलग हो जाये तब उसमें पानी डाल दें।
- पानी उतना डालें जितना आपको रसे की ज़रूरत हो।
- अब उसमें नमक डाल दें।
- जब रसा उबलने लगे तब उसमें धोख के टुकड़े डाल दें। गैस को कम कर दें और सब्ज़ी को 10 मिनट तक पकने दें।
- गैस को बन्द करके सब्ज़ी को नीचे उतार दें। धोख की सब्ज़ी बनकर तैयार हो गयी।

विशेष : आटे को धोने के कारण बचे हुए आटे को धोख कहते हैं। गाँवों में कमज़ोर आर्थिक स्थिति वाले घरों में ही सामान्यतः आटे के धोख की सब्ज़ी बनायी जाती है। राशन व सब्ज़ी की अनुपलब्धता की स्थिति में लोग 'धोख की सब्ज़ी' पका लेते हैं।

हरी मिर्च का सालन (सब्ज़ी)

सामग्री

100 ग्राम	हरी मिर्च
3 बड़ा चम्मच	सरसों का तेल
1 चम्मच	पिसी हल्दी
2 चम्मच	सरसों
2 चम्मच	अमचूर पाउडर
1 गाँठ	लहसुन पिसा
	हींग चुटकी
	नमक स्वादानुसार

10 व्यक्तियों के लिए पर्याप्त है।

बनाने की विधि

- हरी मिर्च को धोकर साफ़ कर लें, उसको दो टुकड़ों में काट लें।
- सरसों, लहसुन को एक साथ पीस लें।
- अब गैस पर कड़ाही चढ़ा दें, गैस को जला दें।
- कड़ाही में सरसों का तेल डाल दें जब तेल गरम हो जाये तब उसमें मेथी और हींग डाल दें।
- जब मेथी लाल हो जाये तब उसमें हरी मिर्च डालकर थोड़ी देर चलायें।
- जब मिर्च में चित्ते पड़ जाये तब उसमें सरसों, लहसुन का पेस्ट, हल्दी और अमचूर डालकर चलायें और उसको अधिक न भूनें।
- कड़ाही में 200 ग्राम पानी डाल दें और नमक और अमचूर पाउडर डालकर पकने दें।
- जब सालन पकने लगे तब गैस धीमा कर दें और 5 मिनट तक धीमी आँच पर पकने दें।
- अब गैस को बन्द कर दें और कड़ाही से सालन को किसी बरतन में निकाल लें।
- सालन बनकर तैयार हो गया। (इसमें अमचूर के स्थान पर खट्टे के लिए इमली, नीबू या कच्चा आम भी डाला जा सकता है।)

हरे मसाले का निमोना

सामग्री

250 ग्राम	हरी मटर का दाना
4-5	पत्तेदार हरा लहसुन
6-7	हरा मिर्च
100 ग्राम	हरी धनिया
200	ग्राम तेल
एक प्याज	(कटी हुई)
3 बड़ी	इलायची
डेढ़ चम्मच	जीरा
एक चम्मच	काली मिर्च
4	छोटी इलायची
5	लौंग
2	तेजपात
2 इंच टुकड़ा	दालचीनी
5-6	कोहड़ौरी (बड़ी)
	हींग स्वादानुसार
2	मीडियम आलू कटे हुए
	नमक स्वादानुसार

10 व्यक्तियों के लिए पर्याप्त है।

बनाने की विधि

- मटर के दानों को दरदरा पीस लें।
- सब मसाले जैसे हरा धनिया, हरी मिर्च, हरा लहसुन को धोकर छोटे टुकड़े में काट लें। अदरक भी काट लें।
- बड़ी इलायची, काली मिर्च, जीरा, छोटी इलायची, लौंग, एक साथ बारीक़ पीस लें।
- प्याज को बारीक़-बारीक़ काट लें।
- गैस पर लोहे की कड़ाही चढ़ा दें। गैस को जला दें। कड़ाही में तेल डाल दें। तेल गरम हो जाये तब उसमें कोहड़ौरी तल के निकाल लें।
- तेल में 15-20 दाना मेथी, तेजपात, हींग डाल दें।
- जब तड़का हो जाए तब उसमें प्याज डालकर लाल कर लें। उसमें कटे हुए आलू डालकर भूनें, आलू भून जायें तब उसमें मटर डाल कर भूनें।
- जब मटर तेल छोड़ने लगे तब उसमें सब मसाले को डाल कर भूनें।
- जब मसाला भून जाये तब उसमें एक लीटर पानी डाल दें।
- अब कड़ाही में कोहड़ौरी और नमक डाल दें।
- जब निमोना उबलने लगे तब गैस को धीमा कर दें।
- निमोना को धीमी आँच पर 15 मिनट तक पकने दें। जब निमोना पक जायेगा तब निमोना एक बराबर गाढ़ा दिखेगा। तेल ऊपर दिखाई देने लगेगा। कड़ाही को गैस से नीचे उतार लें। निमोना पक कर तैयार हो गया। देशी घी डाल कर परोसें।

विशेष : मटर का निमोना सर्दियों में ही बनाया जाता है। सर्दियों में निमोना के साथ नया चावल व बैंगन का भर्ता बहुत स्वादिष्ट लगता है। हरा मसाला - हरा धनिया, हरा लहसुन, हरी मिर्च का पेस्ट हरा मसाला कहा जाता है।

सहिना (अरबी के पत्ते का रिकवछ)

सामग्री

250 ग्राम	उड़द की धुली दाल
250 ग्राम	अरबी का पत्ता
500 ग्राम	सरसों का तेल
डेढ़ चम्मच	जीरा
डेढ़ चम्मच	लाल मिर्च पाउडर
1 चम्मच	हल्दी
3	बड़ी इलायची
1	चम्मच काली मिर्च
	हींग स्वादानुसार
	नमक स्वादानुसार
2 गाँठ	लहसुन (छिला हुआ)
1 चम्मच	अमचूर या 1 नीबू का रस

बनाने की विधि

- उड़द की दाल को अच्छी तरह धोकर 4-5 घंटे के लिए भिगो दें। भीगी दाल को मिक्सी में पीस लें।
- सब खड़े मसाले व लहसुन को एक साथ पीस लें। अरबी के पत्ते को साफ़ कर धो लें और उसको बारीक़ बारीक़ काट लें।
- किसी बरतन में उड़द की पीठी, अरबी के पत्ते का साग और सभी पिसे हुए मसाले, हल्दी, मिर्च, हींग, नमक व अमचूर को अच्छी तरह मिक्स कर लें।
- 2-3 चम्मच पीठी ग्रेवी के लिए अलग कर दें।
- गैस पर कड़ाही चढ़ा दें, गैस को जला दें। कड़ाही में सरसों का तेल डाल दें।
- जब तेल गरम हो जाये तो हाथ में पानी लगाकर लम्बे और चिपटे पकौड़े बनाकर तेल में डाल दें। जब पकौड़े लाल हो जायें तब उसको निकाल लें।
- अब रिकवछ की पकौड़ी तैयार हो गयी। इसको चटनी से भी खा सकते हैं।

सहिना के ग्रेवी की विधि

सामग्री

150 ग्राम	सरसों का तेल
डेढ़ चम्मच	हल्दी पिसी
डेढ़ चम्मच	लाल मिर्च पाउडर
डेढ़ चम्मच	पिसा धनिया
1 चम्मच	जीरा
4 बड़ी	इलायची
4 छोटी	इलायची
5	फूल लौंग
1 चम्मच	काली मिर्च
1	बड़ी प्याज
15-20	दाना मेथी
2	तेजपात
	हींग व नमक आवश्यकता अनुसार

बनाने की विधि

- प्याज को छीलकर काट लें।
- 2 तेजपात, 15-20 दाना मेथी, 1 इंच दालचीनी का टुकड़ा (तड़के के लिए), सभी खड़े मसाले लहसुन और प्याज मिक्सी में पीस लें।
- गैस पर लोहे की कड़ाही चढ़ा दें। गैस को जला दें। कड़ाही में सरसों का तेल डाल दें।
- जब तेल गरम हो जाये तब उसमें मेथी, तेजपात, दालचीनी और हींग डाल दें।
- जब तड़का हो जाये तब उसमें सभी मसालों को डाल दें। धनिया, मिर्च, हल्दी पाउडर भी डाल दें।
- जब मसाला भुन जाये और तेल अलग होने लगे तब पानी में ग्रेवी वाली पीठी मिक्स कर के कड़ाही में डाल दें। पानी लगभग 1 लीटर रहे। ग्रेवी को 5 मिनट तक उबलने दें। उसमें नमक डाल दें।
- अब ग्रेवी में अरबी के पत्ते वाले पकौड़े डाल दें। ग्रेवी को दस मिनट तक धीमी आँच पर पकने दें। गैस से कड़ाही उतार लें। अरबी के पत्तों का सहिना (रिकवछ) बनकर तैयार हो गया।

5-7 व्यक्तियों के लिए पर्याप्त है।

विशेष : 1. अरबी के पत्तों के अलावा चौलाई व करेमुआ के साग में भी बना सकते हैं। इन सागों के प्रयोग होने पर यह व्यंजन चौलाई अथवा करेमुआ का रिकवछ कहा जाता है।

2. प्रतापगढ़ व जौनपुर में रिकवछ के पकौड़ों को 'कोरवर' (अर्थात् सूखी पकौड़ी) कहा जाता है। जब कोरवर ग्रेवी के साथ पकता है तो 'भीजवर' कहा जाता है। भीजवर का अर्थ है- भिगो कर तैयार किया हुआ व्यंजन।

हरे मटर के पकौड़ी की सब्ज़ी

सामग्री

500 ग्राम	हरी मटर (जो कड़ा हो गया हो)
7-8	हरे लहसुन के पत्ते कटे हुए
6-7	हरी मिर्च
1 कटोरी	हरा धनिया (कटा हुआ)
500 ग्राम	सरसों का तेल
	नमक स्वादानुसार

बनाने की विधि

- हरे मटर की फली (छीमी)। छीमी कड़ी वाली होनी चाहिए। मटर को छीलकर धो लें।
- मटर को सिलबट्टे पर दर दें। दरने के बाद उसको धोकर छिलका निकाल दें और दाल को अलग कर लें।
- मटर की दाल को पीस लें। धनिया, मिर्च, लहसुन भी पीस लें।
- सब एक बर्तन में निकालकर मिक्स कर लें।
- गैस पर कड़ाही चढ़ा दें, गैस को जला दें। कड़ाही में सरसों का तेल डाल दें। जब तेल गरम हो जाये तब उसमें हरी मटर की पकौड़ी डालकर तल लें। जब पकौड़ी लाल हो जाये तब पकौड़ी को बाहर निकाल लें।
- इसी तरह सब पकौड़ी तल लें। इस पकौड़ी को चटनी से नाश्ते में भी खाया जाता है। तैयार पकौड़ियों को रसे में पकाकर सब्ज़ी की तरह भी परोसा जाता है।

ग्रेवी के लिए मसाला

1 चम्मच	जीरा
आधा चम्मच	काली मिर्च
3	बड़ी इलायची
4	छोटी इलायची
2	फूल लौंग
2	तेजपात
1 इंच टुकड़ा	दाल चीनी
1 इंच टुकड़ा	अदरक
10 पत्ते	हरे लहसुन के कटे हुए
1 कटोरी	हरा धनिया कटा हुआ
6-7	हरी मिर्च
आधा चम्मच	हल्दी पिसी
एक चुटकी	हींग
1	प्याज बारीक़ कटी हुई
	नमक स्वादानुसार

- सभी मसाले, धनिया, मिर्च, लहसुन, अदरक, सब एक साथ पीस लें।
- गैस पर कड़ाही चढ़ा दें। कड़ाही में तेल डाल दें।
- जब तेल गरम हो जाये तब उसमें तेजपात, दालचीनी और हींग डाल दें। तड़का हो जाये तब उसमें प्याज डाल दें।
- प्याज लाल हो जाये तब उसमें पिसे मसाले और हल्दी डालकर भूनें। मसाला तेल छोड़ने लगे तब उसमें पानी डाल दें। पानी उतना डालें जितना आपको ग्रेवी के लिए ज़रूरत है।
- ग्रेवी में नमक डाल दें। जब ग्रेवी पकने लगे तब उसमें पकौड़ी डाल दें और गैस धीमा करके 10 मिनट तक पकने दें।
- गैस को बन्द कर दें और कड़ाही को नीचे उतार लें। अब हरे मटर के पकौड़ी की सब्ज़ी बनकर तैयार हो गयी। बारीक़ कटा हुआ हरा धनिया डालकर परोसें।

10 व्यक्तियों के लिए पर्याप्त है।

विशेष : हरे मटर की फली को 'छेमी' या 'छीमी' कहा जाता है।

हरे मटर की घुघुरी

सामग्री

250 ग्राम	हरे मटर का दाना
2	आलू (मध्यम आकार के)
दो बड़े चम्मच	सरसों का तेल
	हरा लहसुन की पत्ती (कटी हुई)
2	हरी मिर्च (कटी हुई)
	हरा धनिया (कटा हुआ)
	नमक स्वादानुसार

बनाने की विधि

- आलू को धो कर पतला और लम्बा काट लें।
- मटर के दाने को धो लें।
- गैस पर कड़ाही चढ़ा दें और गैस को जला दें। कड़ाही में तेल डाल दें।
- जब तेल गरम हो जाये तो तब उसमें हरी मिर्च, हरा लहसुन डाल कर तड़का लगा दें।
- अब उसमें कटे हुए आलू डाल कर चला दें, और गैस धीमा करके आलू को ढँक दें।
- 20 सेकेण्ड बाद आलू का ढक्कन हटा दें और उसको 20 सेकेण्ड तक भूनें।
- अब उसमें हरी मटर और नमक डाल दें और मटर को थोड़ी देर के लिए ढँक दें। बीच-बीच में देख कर चला दें।
- अब कड़ाही में हरा धनिया डाल कर चला दें और ढँक दें। थोड़ी देर बाद मटर का ढक्कन हटा दें और मटर को भूने ताकि उसमें पानी न रहे।
- गैस को बन्द कर दें और कड़ाही को उतार लें।
- मटर की घुघुरी बन कर तैयार हो गयी। धनिया की चटनी के साथ परोसें।

10 व्यक्तियों के लिए पर्याप्त है।

विशेष : हरे मटर की फली को 'छेमी' या 'छीमी' कहा जाता है।

बफौरी (कोदौला)

सामग्री

250 ग्राम	चने की दाल
1 चम्मच	जीरा
1	गाँठ लहसुन (छिला)
आधा चम्मच	हल्दी
आधा चम्मच	पिसी लाल मिर्च
	नमक स्वादानुसार

बनाने की विधि

- चने की दाल को 3-4 घंटे के लिए भिगो दें।
- भीगी दाल को मिक्सी में पीस लें। (दाल ज़्यादा पतली न हो नहीं तो बफौरी अच्छी नहीं बनेगी।)
- लहसुन व जीरा भी दाल के साथ पीस लें। अब सब मिक्स कर लें। नमक भी मिला लें।
- आधा भगोना पानी गैस पर रख दें उसके ऊपर मलमल का कपड़ा चारों तरफ़ से बाँध दें।
- भगोने के ऊपर छोटी-छोटी बफौरी (पकौड़ी) बना दें।
- भगोने को एक थाली से ढँक दें। थाली ऐसी रहे कि बफौरी दबे न, अब उसको दस मिनट तक पकने दें। ठंडा हो जाने पर बफौरी को कपड़े से अलग कर लें।
- बफौरी को सादा भी खा सकते हैं और तेल में तलकर भी। बफौरी का रसा लगा कर सब्ज़ी भी बनती है।

बफौरी के रसा की विधि

150 ग्राम	सरसों का तेल
1 गाँठ	छिला लहसुन
2	मध्यम आकार की प्याज
1 चम्मच	जीरा
आधा चम्मच	काली मिर्च
3	बड़ी इलायची
3	लौंग
3	हरी इलायची
2	तेजपात
1 इंच टुकड़ा	दाल चीनी
1 इंच टुकड़ा	अदरक
1 चम्मच	हल्दी पाउडर
1 चम्मच	मिर्च पाउडर
1 चम्मच	धनिया पाउडर
	नमक स्वादानुसार
	हींग स्वादानुसार

- प्याज, अदरक और लहसुन को छील लें।
- प्याज, लहसुन, अदरक व सभी खड़े मसाले जैसे जीरा, मिर्च, इलायची, छोटी इलायची, लौंग सब एक साथ मिक्सी में पीस लें। गैस पर एक कड़ाही चढ़ा दें और गैस को जला दें।
- उसमें सरसों का तेल डाल दें। जब तेल गरम हो जाये तो उसमें दाल चीनी, तेजपात और हींग डाल दें फिर उसको चला दें।
- जब तड़का हो जाये तब उसमें सभी पिसे मसाले डाल दें, उसमें धनिया, मिर्च, हल्दी पाउडर भी डाल दें। अब मसाले को धीमी आँच पर भूने, जब मसाला भून जाये तथा तेल छोड़ने लगे तब उसमें 400 ग्राम पानी डाल दें। स्वादानुसार नमक डाल दें।
- जब रसा उबलने लगे तब उसमें बफौरी डाल दें। 10 मिनट तक और पकने दें।
- बफौरी की सब्ज़ी तैयार हो गयी। हरा धनिया ऊपर से डालकर परोसें।

कोदौला

- पकौड़ी को भाप में न पकाकर पीठी की छोटी-छोटी पकौड़ी उबलते हुए रसे में डाल कर पकने दें। यह पकौड़ियाँ उबलते हुए रसे के साथ पकती हैं। पकते हुए ये पकौड़ियाँ रसे में उछलती (कूदती) हैं। इसलिए इसे कोदौला कहा जाता है।
- कोदौला की ग्रेवी को रिकवछ की ग्रेवी की तरह ही तैयार किया जाता है।

10 व्यक्तियों के लिए पर्याप्त है।

लौकी का तरूआ

सामग्री

1 पतली लम्बी	लौकी (लगभग 500 ग्राम)
1 चम्मच	जीरा
2	बड़ी इलायची
आधा चम्मच	काली मिर्च
	हींग स्वादानुसार
2 बड़ा चम्मच	चावल का आटा
2 बड़ा चम्मच	बेसन
1 चम्मच	पिसी हल्दी
1 चम्मच	लाल मिर्च पाउडर
500 ग्राम	सरसों का तेल
15 कली	छिला लहसुन
	नमक स्वादानुसार

बनाने की विधि

- लौकी को धोकर छील लें, उसको चिप्स जैसा (आधा इंच मोटाई में) पतला-पतला काट लें।
- सभी मसाले को एक साथ पीस लें। हल्दी, मिर्च, बेसन, चावल का आटा, नमक, हींग एक साथ किसी बरतन में मिक्स कर लें। गैस पर कड़ाही चढ़ा दें।
- गैस को जला दें। कड़ाही में सरसों का तेल डाल दें।
- तेल गरम हो जाये तब लौकी के गोल टुकड़ों को मसाले में लपेट कर तल लें।
- लौकी का सूखा तरूआ बनकर तैयार हो गया है। इसको चटनी से नाश्ते में भी खाया जा सकता है।

तरूआ के ग्रेवी के लिए मसाला

डेढ़ चम्मच	जीरा
आधा चम्मच	काली मिर्च
3	बड़ी इलायची
4	छोटी इलायची
5	लौंग
1 चम्मच	हल्दी पाउडर
2 चम्मच	धनिया पाउडर
1 चम्मच	लाल मिर्च पाउडर
3	तेजपात
1 इंच टुकड़ा	दालचीनी
2 गाँठ	लहसुन छिला हुआ
3 प्याज	मीडियम साईज की कटी हुई
	हरा धनिया
	हींग स्वादानुसार
	नमक स्वादानुसार

- सभी मसाले को एक साथ पीस लें; जैसे जीरा, बड़ी इलायची, छोटी इलायची, लौंग, आधी कटी प्याज, लहसुन एक साथ पीस लें। स्वादानुसार नमक डाल दें।
- गैस पर कड़ाही चढ़ा दें। गैस को जला दें।
- तरूआ की पकौड़ी वाला बचा हुआ तेल कड़ाही में डाल दें। जब तेल गरम हो जाये तब उसमें तेजपात, दालचीनी और हींग डाल दें।
- जब तड़का हो जाये तब उसमें प्याज डालकर लाल कर लें।
- उसमें पीसे हुए मसाले डालकर भूनें। अब धनिया, मिर्च, हल्दी पाउडर डालकर भूनें।
- जब मसाला भुन जाये तब उसमें पानी डाल दें। पानी उतना डालें जितना ग्रेवी के लिए ज़रूरत हो।
- जब ग्रेवी पकने लगे तब गैस को धीमा कर दें और 10 मिनट तक पकने दें।
- अब लौकी का तरूआ डाल कर एक उबाल आने तक पकायें।
- गैस को बन्द कर दें और कड़ाही को नीचे उतार लें। तरूआ बनकर तैयार हो गया। हरे धनिया के पत्ती को काटकर तरूआ में ऊपर से सजा कर सर्व करें।

10 व्यक्तियों के लिए पर्याप्त है।

दही की सब्ज़ी

सामग्री

2 किलो	दही
250 ग्राम	सरसों का तेल
3	प्याज (मीडियम साइज)
1 गाँठ	लहसुन (छिला)
2-3	तेजपात
2 इंच टुकड़ा	दाल चीनी
1 चम्मच	जीरा
1 चम्मच	काली मिर्च
4	बड़ी इलायची
4 हरी	इलायची
2 फूल	जावित्री
5 फूल	लौंग
1 इंच टुकड़ा	अदरक
1 चम्मच	हल्दी पाउडर
1 चम्मच	लाल मिर्च पाउडर
	नमक स्वादानुसार

6 व्यक्तियों के लिए पर्याप्त है।

बनाने की विधि

- दही को मलमल के कपड़े में बाँध कर 7-8 घंटे के लिए लटका दें।
- जब उसका सब पानी निकल जाय तब कपड़े में दही को टाइट करके बाँध लें। एक भगोने में आधा भगोना पानी लेकर गैस पर चढ़ा दें। गैस को जला दें।
- भगोने में दही की पोटली डालकर ढँक दें। दही की पोटली को एक घंटे तक धीमी आँच पर उबलने दें। गैस को बन्द कर दें।
- ठंडा हो जाने पर उसको छोटे-छोटे टुकड़ों में काट लें।
- अब प्याज छीलकर बारीक़ काट लें। सभी मसालों जैसे बड़ी इलायची, काली मिर्च, जीरा, 2 हरी इलायची, 2 लौंग, जावित्री, लहसुन और आधी कटी हुई प्याज को पीस लें।
- गैस पर कड़ाही चढ़ाकर गैस को जला दें। कड़ाही में तेल डाल दे। जब तेल गरम हो जाय तब दही के टुकड़ों को हल्का ब्राउन होने तक तल कर तेल से बाहर निकाल लें।
- गैस पर भगोना चढ़ा दें। तेल भगोने में पलट लें। उसमें तेजपात, दालचीनी, लौंग, हरी इलायची का तड़का डाल दें।
- कटी हुई प्याज को तेल में डाल दें जब प्याज लाल हो जाय तब उसमें सभी पीसे मसाले डाल दें। जब मसाला भून जाय और तेल छोड़ने लगे तब उसमें धनिया पाउडर, मिर्च, हल्दी पाउडर डाल दें और थोड़ी देर भूने।
- अब उसमें 400 ग्राम पानी डाल दें और नमक स्वाद के अनुसार डाल दें। जब रसा उबलने लगे तब उसमें दही के टुकड़े डाल दें।
- अब सब्ज़ी को 7-8 मिनट धीमी आँच पर पकने दें और गैस बन्द कर भगोने को गैस से नीचे उतार दें। दही की सब्ज़ी बनकर तैयार है।

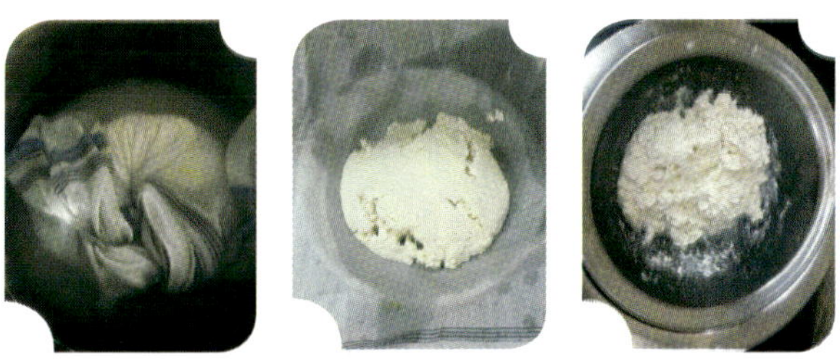

मूछी

सामग्री

300 ग्राम	बेसन
500 ग्राम	सरसों का तेल
1 चम्मच	मेथी
1 चम्मच	पिसी हल्दी
5-6	सूखी लाल मिर्च
	नमक स्वादानुसार
4-5	आम की अमहर (अमहर बनाने की विधि पुस्तक में दी गयी है।)
1 चुटकी	हींग

बनाने की विधि

- 300 ग्राम बेसन को किसी बरतन में लें और उसमें से 3 बड़े चम्मच बेसन अलग कर लें अब बचे हुए बेसन में जीरा, नमक व हींग डालकर मुलायम गूँध लें।
- गैस पर कड़ाही चढ़ा दें। गैस को जला दें।
- कड़ाही में तेल डाल दें, जब तेल गरम हो जाये तब उसके ऊपर सेव झारने वाला झरना रख दें।
- झरने के ऊपर बेसन को रख कर हाथ में पानी लगाकर बेसन को रगड़ें।
- अब तेल में सेव झरेगा। जब सेव तेल में लाल हो जाये तो उसको निकाल लें।
- अगर बेसन और है तो दुबारा सेव झार लें।
- बचा हुआ तेल कड़ाही से निकाल लें। कड़ाही में 3 बड़े चम्मच तेल डाल दें।
- तेल में मेथी, मिर्च (तोड़कर), हींग का तड़का डाल दें। उसके बाद जो बेसन अलग किया गया था, उसको 1 लीटर पानी में डालकर घोल बना लें।
- तेल में हल्दी डाल कर तेल में चला दें।
- अब बेसन का घोल कड़ाही में डाल दें। कड़ाही में अमहर, और नमक डाल दें।
- अब बेसन के घोल को उबलने दें।
- जब बेसन का रसा 10 मिनट तक अच्छी तरह पक जाये तब उसमें सेव डाल दें।
- एक बार उबाल आ जाये तब कड़ाही को उतार दें। मूछी बनकर तैयार है।
- अमहर छोटी बड़ी जैसी हो आवश्यकता अनुसार डालें। यदि आपके पास अमहर नहीं है तो अमचूर पाउडर या इमली का भी प्रयोग कर सकते हैं।

10 व्यक्तियों के लिए पर्याप्त है।

विशेष : मूछी का प्रयोग अवध में मांगलिक अवसर पर अवश्य किया जाता है। शादी-विवाह, बच्चे के जन्म का उत्सव (छठी, बरही) मूछी अवश्य बनाई जाती है।

खंड़रा (रसाद कतरा)

सामग्री

2 कटोरी	बेसन
4 कटोरी	पानी
डेढ़ चम्मच	जीरा
2	गाँठ लहसुन छिला हुआ
आधा चम्मच	काली मिर्च
1 चम्मच	मिर्च पाउडर
1 चम्मच	हल्दी पिसी हुई
2	बड़ी इलायची
500 ग्राम	सरसों का तेल
	हींग स्वादानुसार
	नमक स्वादानुसार

बनाने की विधि

- एक भगोने में बेसन डाल दें।
- सभी खड़े मसाले व लहसुन को पीस लें। पीसने के बाद हल्दी, मिर्च, हींग, नमक सब बेसन में डाल दें।
- उसमें पूरा 4 कटोरी पानी भी डाल दें।
- उसके बाद बेसन और मसालों को अच्छी तरह घोल लें ताकि उसमें गाँठ न रह जाये।
- एक कड़ाही को गैस पर चढ़ा दें। गैस को जला दें। बेसन का घोल कड़ाही में डाल दें।
- घोल को लगातार चलाते रहें जब घोल पक कर हलुआ जैसा एक साथ लिपट जाये तब गैस को बन्द कर दें।
- गोल थाली को पलटकर उस पर तेल लगाकर अलग रख दें।
- थाली में बेसन का हलुआ फैला दें।
- हाथ में पानी लगाकर हलुआ को थपथपा कर फैला कर उसको एक बराबर चिकना कर दें।
- आधे घंटे तक ठंडा होने दें। ठंडा होने पर अपने मनपसन्द आकार का छोटा या बड़ा बर्फ़ी जैसा काट लें।
- बर्फ़ी को अलग कर लें।
- जो किनारे का टुकड़ा हो उसको अलग कर लें।
- गैस पर कड़ाही चढ़ा दें। कड़ाही में सरसों का तेल डाल दें।
- जब तेल गरम हो जाये तो बेसन की बर्फ़ी को तल लें।
- इसको चटनी के साथ सर्व करें। तैयार खंड़रे को बिना तले भी सर्व कर सकते हैं। यह गाँवों में नाश्ते की तरह प्रयोग किया जाता है।

10 व्यक्तियों के लिए पर्याप्त है।

खड़रे में ग्रेवी लगाने की विधि

सामग्री

1 चम्मच	जीरा
4	बड़ी इलायची
4	छोटी इलायची
4-5	लौंग
12 कली	लहसुन (छिला)
2	प्याज
आधा चम्मच	काली मिर्च
1 चम्मच	धनिया पाउडर
1 चम्मच	हल्दी पाउडर
1 चम्मच	मिर्च पाउडर
2	तेजपात
1 इंच टुकड़ा	दालचीनी
150 ग्राम	सरसों का तेल
10-15	दाना मेथी
	हींग स्वादानुसार
	नमक स्वादानुसार

बनाने की विधि

- 1 बड़ी प्याज, 150 ग्राम सरसों का तेल, जीरा, मिर्च, बड़ी इलायची, छोटी इलायची, लौंग, लहसुन, प्याज एक साथ मिक्सी में पीस लें।
- एक प्याज को बारीक काटकर रख लें।
- गैस पर कड़ाही चढ़ा कर जला दें। कड़ाही में तेल डाल दें। जब तेल गरम हो जाये तब उसमें 10-15 दाना मेथी, तेजपात, दालचीनी और बारीक कटी प्याज डाल दें।
- जब तड़का हो जाये तो उसमें हींग डाल दें।
- अब पीसे हुए मसालों को डालकर चलायें।
- धनिया, मिर्च, हल्दी भी डाल दें जब मसाला भुन जाये और तेल अलग होने लगे तो उसमें आधा लीटर पानी डाल दें।
- ग्रेवी उबलने लगे तो उसमें नमक डाल दें।
- अब बेसन के टूटे हुए टुकड़े (खड़रा) को बारीक़ मसल कर के कड़ाही में डाल दें।
- 5 मिनट तक उबलने दें। तले हुए खड़रे को रसे में डाल दें।
- 5 मिनट उबलने के बाद कड़ाही को गैस से उतार लें। खड़रा (रसाद कतरा) बनकर तैयार है।

सनई के फूल का साग

सामग्री

250 ग्राम	सनई (सनई की कली)
आधा चम्मच	मेथी
2 चम्मच	सरसों
1 गाँठ	लहसुन (छिला)
1 चम्मच	हल्दी पाउडर
50 ग्राम	सरसों का तेल
आधा चम्मच	अमचूर पाउडर
2	हरी या लाल मिर्च (साबुत)
	नमक स्वादानुसार
2 बड़े चम्मच	सरसों का तेल

बनाने की विधि

- सनई के साग को खूब साफ़ धो लें।
- सरसों, मिर्च, लहसुन को पीस लें।
- चूल्हे पर कड़ाही चढ़ा दें। चूल्हे को जला दें।
- कड़ाही में सरसों का तेल डाल दें।
- तेल गरम हो जाये तब उसमें मेथी डाल दें, जब मेथी लाल हो जाये तब उसमें साग डालकर 2-3 मिनट तक भूनें।
- अब उसमें सब मसाले जैसे हल्दी, नमक, अमचूर सब डाल दें।
- 100 ग्राम पानी डालकर साग को ढँक दें।
- 10 मिनट तक धीमी आँच पर पकने दें। जब साग पककर भुन जाये तब चूल्हे से उतार लें।
- सनई का साग तैयार हो गया।
- इसको लोग मक्के की रोटी से खाना पसन्द करते हैं। यह सर्दियों में बनता है।
- सनई का फूल औषधीय गुणों से परिपूर्ण तथा बहुत पौष्टिक होता है। इसमें कैल्शियम, फास्फोरस प्रचुर मात्रा में पाया जाता है।

5 व्यक्तियों के लिए पर्याप्त है।

विशेष : सनई का फूल क्वार-कार्तिक माह में मिलता है। सहजन के फूल का साग भी उपर्युक्त विधि से बनाया जाता है।

सहजन फूल बैसाख महीने में होता है। अतः यह साग इसी महीने में ही पकाया जाता है।

इसी विधि से पाकड़ की पत्ती का साग भी बनता है। पतझड़ ऋतु के बाद जब पेड़ों पर नए पत्ते आते हैं तब इन नए पत्तों को तोड़कर उपर्युक्त विधि से ही पाकड़पत्ती का साग भी बनाया जाता है। वाल्मीकि रामायण में इसके लिए प्लक्ष शब्द का प्रयोग किया गया है।

प्लक्षशाखासु यज्ञानामन्येषां क्रियते हविः।
आश्वमेधस्य यज्ञस्य वैतसो भाग इष्यते।। (1/14/39)

अश्वमेध के अतिरिक्त अन्य यज्ञों में जो हवि दी जाती है, वह पाकड़ शाखाओं में रखकर दी जाती है; परंतु अश्वमेध यज्ञ का हविष्य बेंत की चटाई में रखकर देने का नियम है।

सनई के फूल

सनई के फूल का साग

सूरन की सब्ज़ी

सामग्री

1 किलो	सूरन
500 ग्राम	सरसों का तेल
4-5	मीडियम आकार की प्याज (छिली और कटी हुई)
2 गाँठ	लहसुन (छिला हुआ)
1 इंच	अदरक (छिला हुआ)
4	तेजपात
1 इंच टुकड़ा	दालचीनी
4	बड़ी इलायची
1 चम्मच	जीरा
1 चम्मच	काली मिर्च
6	लौंग
6	छोटी इलायची
2-3	फूल जावित्री
एक चुटकी	हींग
2 चम्मच	धनिया पाउडर
1 चम्मच	हल्दी पाउडर
1 चम्मच	मिर्च पाउडर
	नमक स्वादानुसार

बनाने की विधि

- सूरन को पानी में अच्छी तरह धो लें।
- हाथ में खट्टा लगाकर सूरन को बड़े-बड़े टुकड़े में काट लें।
- 1 भगोने पानी में सूरन डालकर उबलने के लिए रख दें।
- जब सूरन थोड़ा कड़ा रहे तभी सूरन को भगोने से निकाल लें और ठण्डा होने दें।
- जब सूरन ठण्डा हो जाये तब उसको चाकू से छीलकर छोटे-छोटे टुकड़े में काट लें।
- अब बड़ी इलायची, जीरा, काली मिर्च, लौंग, छोटी इलायची, जावित्री, लहसुन, प्याज, अदरक एक साथ मिक्सी में पीस लें।
- गैस पर कड़ाही चढ़ा दें। कड़ाही में सरसों का तेल डाल दें और गैस जला दें।
- तेल गरम हो जाये तब उसमें सूरन के टुकड़ों को तल लें।
- जब सूरन का टुकड़ा लाल हो जाये तब उसको तल कर बाहर निकाल लें।
- अगर कड़ाही में तेल ज्यादा लगे तो तेल थोड़ा निकाल लें।
- अब तेल में हींग, तेजपात, दालचीनी का तड़का डाल दें।
- जब तड़का हो जाये तब उसमें पिसा हुआ मसाला डालकर भूनें।
- अब उसमें धनिया पाउडर, हल्दी पाउडर, मिर्च पाउडर डालकर भूनें।
- जब मसाला भुन जाये और तेल छोड़ने लगे तो समझिए आपका मसाला भुन कर तैयार हो गया है।
- अब मसाले में रसा लगा दें। रसा बहुत गाढ़ा न रहे क्योंकि सूरन पानी सोख लेगा।
- जब रसा उबलने लगे तब उसमें सूरन के टुकड़े डाल दें और आवश्यकतानुसार नमक डाल दें और गैस को धीमी कर दें और सब्ज़ी को 20 मिनट तक पकने दें।
- जब सब्ज़ी पक जाये तो उसमें थोड़ा खटाई या नीबू का रस डाल दें।
- कड़ाही को गैस से उतार लें। सब्ज़ी को गरमागरम परोसें।

10 व्यक्तियों के लिए पर्याप्त है।

विशेष :

1. खट्टा जरूरी नहीं है। खट्टा इसलिए डालते हैं ताकि सूरन की सब्ज़ी खुजली न करे।

2. अवध क्षेत्र में सामान्यतः दीपावली के दिन सूरन की सब्ज़ी अवश्य पकाई जाती है। लोक मान्यता है कि दीपावली के दिन सूरन की सब्ज़ी न खाने वाला अगले जन्म में छछुन्दर बनता है।

आयुर्वेद के अनुसार सूरन की तासीर बहुत गर्म होती है तथा यह कफ नाशक होता है। अतः सर्दियों में सूरन की सब्ज़ी अधिक खाई जाती है। यह स्वास्थ्यवर्धक है।

गूलर का कबाब (टिक्की)

सामग्री

500 ग्राम	गूलर का फल (कच्चा)
2	बड़े आलू उबले व कददूकस किए हुए
2 इंच टुकड़ा	अदरक कद्दूकस किया हुआ
150 ग्राम	बेसन
आधी कटोरी	धनिया बारीक़ कटा हुआ
5-6	हरी मिर्च (बारीक़ कटी हुई)
1 चम्मच	लाल मिर्च पाउडर
1 चम्मच	गरम मसाला पाउडर
2 मीडियम	प्याज (बारीक़ कटी हुई)
1 चम्मच	काला नमक
500 ग्राम	सरसों का तेल
	नमक स्वादानुसार

10 व्यक्तियों के लिए पर्याप्त है।

बनाने की विधि

- ताज़े गूलर के फल ले लें। फलों को ऊपर से हल्का खुरच कर साफ़ कर लें। साफ़ करके उसके अन्दर के बीज अलग कर लें।
- गूलर को कुकर में एक सीटी लगा दें।
- जब गूलर ठंडा हो जाये तब उसको मैश कर लें। अब उसमें सभी सामग्री डाल लें, जैसे धनिया, हरी मिर्च, लाल मिर्च पाउडर, गरम मसाला, आलू, प्याज, बेसन, काला नमक, अदरक, सादा नमक अच्छी तरह मिला लें।
- यदि गूलर का मिश्रण कड़ा लग रहा है तो उसमें थोड़ा पानी डालकर मुलायम कर लें।
- गैस पर कड़ाही चढ़ा दें। गैस को जला दें। कड़ाही में सरसों का तेल डाल दें, जब तेल गरम हो जाये तब अपनी इच्छा अनुसार गोल-गोल टिक्की बनाकर तल लें।
- जब टिक्की लाल हो जाये तब टिक्की को कड़ाही से बाहर निकाल लें।
- इसी तरह सब टिक्की तल लें और गैस को बन्द कर दें। गूलर का कबाब बनकर तैयार हो गया। गरमागरम कबाब धनिये की चटनी के साथ परोसें।

चना, उड़द के दाल की छेमी

सामग्री

150 ग्राम	धुली उड़द की दाल
150	ग्राम चने की दाल
डेढ़ चम्मच	जीरा
1 चम्मच	लाल मिर्च पाउडर
500 ग्राम	सरसों का तेल
हींग	स्वादानुसार
नमक	स्वादानुसार

बनाने की विधि

- उड़द व चना दोनों दाल को धोकर पानी में 5-6 घण्टे के लिए भिगो दें। जब दाल फूल जाये तब उसको धोकर पीस लें। पीसी दाल को एक बरतन में रख लें।
- जीरा को दोनों हथेलियाँ से रगड़कर पीसी हुई दाल में डाल।
- हींग, मिर्चा पाउडर, नमक डालकर दाल को अच्छी तरह से फेंट लें।
- गैस पर कड़ाही चढ़ा दें, गैस जला दें। कड़ाही में सरसों का तेल डाल दें।
- जब तेल गरम हो जाये तब एक चम्मच की सहायता से पीठी की लम्बे-लम्बे आकार में बनाकर छेमी तेल में डालें। छेमी मटर की फली की तरह पतली और लम्बी होनी चाहिए। जब छेमी तल कर लाल हो जाये तब उसको निकाल लें, इसी तरह सभी छेमी तल लें।

10 व्यक्तियों के लिए पर्याप्त है।

सामग्री

1 चम्मच	जीरा
आधा चम्मच	काली मिर्च
4	बड़ी इलायची
4	छोटी इलायची
5	लौंग
3	तेजपत्ता
1 इंच	टुकड़ा दालचीनी
1 चम्मच	हल्दी पिसी
डेढ़ चम्मच	लाल मिर्चा पिसा
2 चम्मच	धनिया पिसी
2 गाँठ	लहसुन छिला हुआ
2 गाँठ प्याज	बड़ी बारीक़ कटी हुई
हींग	स्वादानुसार
नमक	स्वादानुसार

बनाने की विधि

- सभी खड़े मसालों को जैसे जीरा, काली मिर्च, बड़ी इलायची, छोटी इलायची, लौंग, लहसुन, आधी कटी हुई प्याज बारीक़ पीस लें।
- गैस पर कड़ाही चढ़ा दें। गैस को जला दें। कड़ाही में सरसों का वही तेल डाल दें (जो तेल छेमी तलते हुए बचा था।)।
- जब तेल गरम हो जाये तब उसमें तेजपात, दालचीनी और हींग डाल दें।
- जब तड़का हो जाये तब उसमें प्याज डाल कर लाल कर लें।
- उसमें पीसा हुआ मसाला धनिया, मिर्चा, हल्दी डालकर भूनें। जब मसाला भुन जाये और तेल अलग होने लगे तब उसमें पानी डाल दें।
- पानी उतना डालें, जितना ग्रेवी के लिए ज़रूरत हो। जब ग्रेवी पकने लगे तब उसमें नमक डाल दें।
- उसके बाद ग्रेवी में छेमी डाल दें और 10 मिनट तक धीमी आँच पर छेमी पकने दें।
- गैस बन्द कर दें और कड़ाही नीचे उतार दें। छेमी बन कर तैयार हो गयी। हरी धनिया की पत्ती से सजाकर सर्व करें।

विशेष : छेमी को चटनी से नाश्ते में भी खाया जाता है।

उड़द के बड़े के व्यंजन

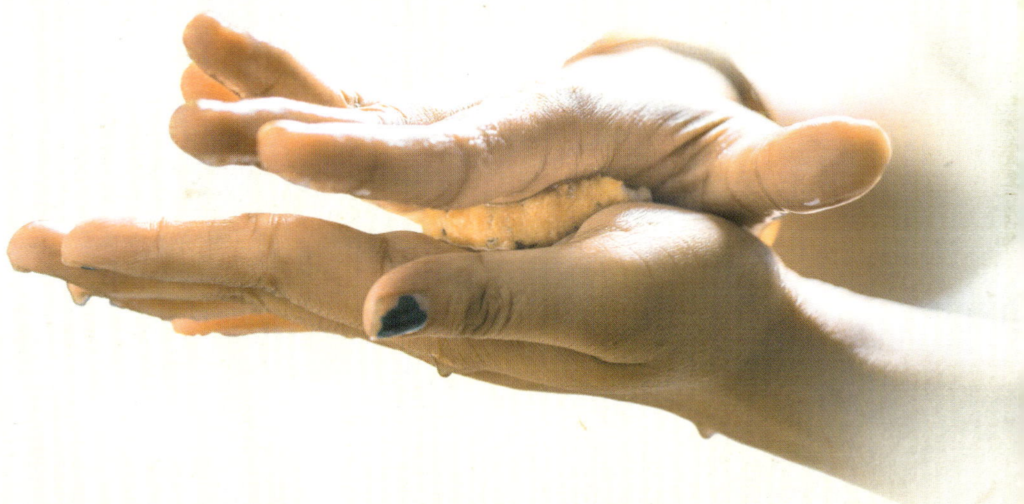

उद्धर्तनं कफहर मेदसः प्रविलायनम्।
स्थिरीकरणमङ्गानां त्वक्प्रसादकर परम्।।

The act of rubbing (powders of any suitable drug) with some friction on the body is called as उद्वर्तन. उद्वर्तन pacifies कफ दोष, it liquifies fat in our body, bring about stability in body parts and also makes the skin lustrous.

लपटा बड़ा

सामग्री

250 ग्राम	धुली उड़द की दाल
500 ग्राम	सरसों का तेल
50 ग्राम	पकी इमली
100 ग्राम	चावल का आटा
1 चम्मच	हल्दी
250 ग्राम	गुड़
1 चम्मच	जीरा
	नमक स्वादानुसार
	हींग स्वादानुसार

बनाने की विधि

- बड़ा बनाने की विधि-उड़द की दाल को धोकर 6-8 घंटे के लिए भागो दें।
- दाल को धोकर मिक्सी में पीस लें।
- किसी चौड़े बरतन में दाल की पीठी को फेंट लें। फेंटते-फेंटते दाल की पीठी हल्की हो जाये तब किसी बरतन में पानी लें और थोड़ी-सी पीठी पानी में डालें जब पीठी तैरने लगे तब समझें पीठी तैयार हो गयी।
- पीठी में जीरा हाथ से मसलकर डालें। एक चुटकी हींग भी डाल दें।
- पीठी बड़ा तलने के लिए तैयार है।
- गैस पर एक कड़ाही चढ़ायें गैस को जला दें। कड़ाही में चावल का आटा डालकर सुनहरा होने तक भुनें।
- जब आटा भुन जाये तब आटे को कड़ाही से निकाल लें।
- कड़ाही में तेल डाल दें जब तेल गरम हो जाये तब पीठी को पानी लगाकर हथेली पर रखें। उसको गोल और चिपटा बड़ा बनाकर उसमें छेद करके तेल में डालें।
- इसी तरह सभी बड़े बनाकर तेल में तल लें।
- जब पूरा बड़ा तल जाये तब तेल कड़ाही से निकाल लें। इमली का गूदा निकाल लें।
- 1 लीटर पानी में चावल के आटे का घोल बना लें।
- घोल को कड़ाही में डाल दें।
- घोल में गुड़ और हल्दी डालकर चलाते रहें।
- इमली का गूदा भी कड़ाही में डाल दें।
- जब कड़ाही में घोल उबलने लगे तब उसमें नमक और बड़ा डाल दें।
- धीमी आँच पर 10 मिनट और पकने दें। 10 मिनट बाद कड़ाही को गैस से उतार लें।
- लपटा बड़ा बनकर तैयार हो गया।
- इच्छानुसार गर्म अथवा ठंडा सर्व करें।

7-10 व्यक्तियों के लिए पर्याप्त है।

विशेष : अवध में लपटा बड़ा मांगलिक अवसरों पर बनाने का रिवाज़ है। यद्यपि आजकल यह कम ही बनाया जाता है। खरीफ़ की फ़सल तैयार हो जाने पर नवरात्र के अवसर पर नयी फ़सल के अनाज की पूजा की जाती है। इस अवसर पर अवधी क्षेत्र में लपटा बड़ा (पना बड़ा) बनाया जाता है।

मट्ठे वाला बड़ा

सामग्री

10	बड़ा तला हुआ
500 ग्राम	मट्ठा (गाढ़ा)
आधा चम्मच	जीरा
आधा चम्मच	खड़ी धनिया
2	खड़ी लाल मिर्च
	काला नमक स्वादानुसार

बनाने की विधि

- एक बरतन में गरम पानी लें, उसमें बड़े को भिगो दें।
- जब बड़ा फूल जाये तब बड़े को हथेली के बीच में रखकर दबा दें जिससे बड़े का अतिरिक्त पानी निकल जाये। इसी तरह सभी बड़े निचोड़ लें।
- गैस पर तवा रख कर गैस को जला दें। तवे पर (जीरा, धनिया, मिर्च) मसाला डालकर धीमी आँच पर भुन लें। अब गैस को बन्द कर दें और मसाला तवे से निकाल कर पीस लें।
- एक भगोने में मट्ठा लें, उसमें पीसा हुआ मसाला, काला नमक डालकर मिला लें।
- बड़े को मट्ठे में डालकर 15-20 मिनट रख दें। अब मट्ठे वाला बड़ा तैयार हो गया।

7-10 व्यक्तियों के लिए पर्याप्त है।

विशेष : पारम्परिक त्यौहारों, शादी-विवाह व छट्ठी जैसे अवसरों पर पूर्वी उत्तर प्रदेश में मट्ठा-बड़ा बनाना आवश्यक होता है। यह अत्यधिक शुभ माना जाता है। अवध में ग्रामीण क्षेत्रों में दही-बड़े के साथ इमली-गुड़ की मीठी चटनी का प्रचलन नहीं है किन्तु शहरी प्रभाव के कारण अब ग्रामीण क्षेत्रों में भी दही-बड़े के साथ मीठी या खट्टी चटनी भी परोसी जाने लगी है।

मीठा बड़ा

सामग्री

250 ग्राम	उड़द की दाल धुली हुई
500 ग्राम	सरसों का तेल
1 चम्मच	जीरा
	नमक स्वादानुसार
एक चुटकी	हींग

बनाने की विधि

- दाल को 4-5 घंटे के लिए भिगो दें।
- अब उसको साफ़ करके मिक्सी में ख़ूब बारीक़ पीस लें।
- पिसी हुई उड़द दाल में हींग व जीरा हथेली में मसल कर डाल दें।
- नमक स्वादानुसार डाल दें।
- पीठी को ख़ूब फेंटें जब पीठी फिट जाये तो एक चम्मच पीठी पानी में डाल दें। जब पीठी ऊपर तैरने लगे तो पीठी तैयार हो गयी।
- एक कड़ाही गैस पर चढ़ा दें।
- कड़ाही में तेल डाल कर गैस को जला दें।
- जब तेल गरम हो जाये तो पानी की सहायता से पीठी हथेली पर रखकर गोल कर दें।
- अब कड़ाही में डाल कर तल लें। इसी प्रकार सब बड़े तल लें। गैस को बन्द कर दें।
- एक बरतन में पानी गरम कर उसमें 15-20 मिनट के लिए बड़ों को भिगो दें।

चाशनी

3 कटोरी	चीनी
2 कटोरी	पानी
1 चम्मच	इलायची पाउडर
2 चम्मच	दूध

- एक भगोने में चीनी और पानी गैस पर चढ़ा दें।
- जब चाशनी पकने लगे तब 2 चम्मच दूध डाल दें।
- चीनी की गन्दगी भगोने में ऊपर जा जायेगी। उसको किसी छन्नी की सहायता से ऊपर से निकाल लें।
- अब चाशनी को चम्मच की सहायता से हाथ से छूकर देखें जब चाशनी चिपकने लगे तो समझें चाशनी तैयार हो गयी।
- इलायची का पाउडर चाशनी में डाल दें।
- उसके बाद बड़े को पानी से निकाल कर हथेली से पानी निचोड़ कर सभी बड़े चाशनी में डाल दें और गैस को धीमा कर दें।
- 10 मिनट तक बड़े को चाशनी में पकने दें। मीठा बड़ा तैयार हो गया।
- गरम अथवा ठंडा (पसन्द के अनुसार) सर्व करें।

7-10 व्यक्तियों के लिए पर्याप्त है।

बड़े का सालन

सामग्री

10	बड़ा तला हुआ

ग्रेवी (सालन) के लिए मसाला

2 गाँठ	बड़ा लहसुन छिला हुआ
1 गाँठ	बड़ी प्याज छिली और कटी हुई
डेढ़ चम्मच	जीरा
1 चम्मच	काली मिर्च
4	बड़ी इलायची
4	छोटी इलायची
5	फूल लौंग
2	तेजपात
1 इंच टुकड़ा	दालचीनी
15-20 दाना	मेथी
2 चम्मच	धनिया पाउडर
2 चम्मच	मिर्च पाउडर
डेढ़ चम्मच	हल्दी पाउडर
	हींग स्वादानुसार
	नमक स्वादानुसार

बनाने की विधि

- उड़द की दाल धोकर 4-5 घंटे के लिए भिगो दें।
- भीगी दाल को धोकर मिक्सी में पीस लें।
- अब पीठी को खूब फेंट लें। फेंटने के बाद एक चम्मच पीठी पानी में डालें। जब पीठी पानी में तैरने लगे तब पीठी तैयार हो गयी है।
- पीठी में जीरा हथेली से मसल कर डाल दें। हींग और नमक स्वाद के अनुसार भी डाल दें।
- ग्रेवी के मसालों को एक साथ पीस लें; जैसे जीरा, मिर्च, बड़ी इलायची, छोटी इलाचयी, लौंग, छिला लहसुन, प्याज एक साथ मिक्सी में पीस लें।
- कड़ाही गैस पर चढ़ा दें। गैस जला दें और कड़ाही में सरसों का तेल डाल दें।
- जब तेल गरम हो जाये तब पीठी को पानी की सहायता से हथेली पर रखकर गोल व चिपटा करके उसमें बीच में छेद कर के कड़ाही में डालकर तल लें।
- 2-3 चम्मच पीठी को ग्रेवी के लिए बचा लें।
- कड़ाही में 150 ग्राम तक तेल बचा लें, बाक़ी तेल निकाल लें।
- तेल में तेजपात, दालचीनी, मेथी व हींग का तड़का लगा दें।
- जब तड़का हो जाये तब उसमें मसाला डाल कर भूनें।
- जब मसाला भून जाये और तेल अलग होने लगे तो उसमें हल्दी, धनिया, मिर्च डालकर भूनें।
- बची हुई 2-3 चम्मच पीठी एक लीटर पानी में मिलाकर घोल तैयार कर लें।
- मसाले में ही पीठी वाला पानी डाल दें।
- ध्यान रखें पीठी की गाँठ न रहे।
- ग्रेवी पकने लगे तो उसमें तले हुए बड़े डाल दें और नमक भी स्वादानुसार डाल दें।
- सालन को 10 मिनट तक धीमी आँच पर पकने दें। कड़ाही को गैस से उतार लें। सालन बनकर तैयार हो गया। देशी घी डालकर परोसें।
- यह व्यंजन लोहे की कड़ाही में बनाने पर और अधिक स्वादिष्ट लगता है।

7-10 व्यक्तियों के लिए पर्याप्त है।

विशेष : क्वार (आश्विन) के कृष्ण पक्ष में पितरों का श्राद्ध किया जाता है। पूरे 15 दिन तक लोग पितरों का तर्पण करते हैं और अमावस्या के दिन पितृ-विसर्जन करते हैं। पितृ-विसर्जन के दिन 'बड़े का सालन' आवश्यक रूप से बनाया जाता है।

वाल्मीकि रामायण में महुआ के लिए मधूक शब्द का प्रयोग किया गया है। पर्वतीय क्षेत्रों को छोड़कर यह लगभग पूरे भारत में पाया जाता है। मार्च एवं अप्रैल में महुआ के फूल आने लगते हैं तथा जून से अगस्त के बीच फल विकसित हो जाते हैं। महुआ के फूलों को सुखाकर एवं आटा बनाकर खाया जाता है। इसके बीजों के तेल निकलता है जिसका घी की तरह प्रयोग किया जाता है। इसके फूलों से शराब भी बनाई जाती है। इसकी लकड़ी बहुत मजबूत होती है।

काश्मर्यारिष्टवरणैर्मधूकैस्तिलकैरपि।
बदर्यामलकैर्नीपैर्वेत्रधन्वनबीजकैः।।

(वाल्मीकि रामायण 2/94/9)

महुआ के व्यंजन

महुआ का ठुकुआ

सामग्री

2 किलो	ताज़ा महुआ
600 ग्राम	आटा
	महुआ का तेल या सरसों का तेल

बनाने की विधि

- महुआ को अच्छी तरह से धोकर साफ़ कर लें।
- साफ़ किए हुए महुए को हाथ से मसलकर छानकर उसका रस निकाल लें।
- रस को छन्ने से छान कर अलग रख लें।
- एक थाली में आटा लें। महुआ के रस से आटे को गूँधें।
- आटा थोड़ा मुलायम गूँधा होना चाहिए।
- गुँघने के बाद आटे को 6-7 घंटे के लिए रख दें।
- गैस जलाकर कड़ाही चढ़ा दें। उसमें सरसों या महुआ का तेल डाल दें।
- अब आटे की मोटी-मोटी पूड़ी बनाकर तल लें।
- महुआ का ठुकुआ तैयार हो गया।

7-10 व्यक्तियों के लिए पर्याप्त है।

विशेष : इसको सूखे महुआ से भी बना सकते हैं। सूखा महुआ धोकर पानी में भिगो दें। महुआ फूल जाये तब उसको मसल कर रस निकाल लें।

बटुली

खल बट्टा

महुआ का लाटा

सामग्री

250 ग्राम	सूखा महुआ
250 ग्राम	अलसी
200 ग्राम	गुड़

बनाने की विधि

- महुआ को अच्छी तरह से धो लें। उसके अन्दर का बीज (जीरा) निकाल कर साफ़ कर लें।
- महुआ को गैस पर कड़ाही में सूखा भूनें।
- जब महुआ भुन जायेगा तो वह फूल जायेगा। भूनें हुए महुए को कड़ाही से निकाल लें।
- इसी प्रकार कड़ाही में अलसी डालकर भूनें। जब अलसी भुन जायेगी तो उसमें सोंधी-सोंधी ख़ूशबू आने लगेगी। अलसी को भी कड़ाही से निकाल लें।
- भूनें हुए अलसी और महुए को खलबट्टे से एक साथ कूट लें। दोनों को एक साथ मिला लें।
- महुआ का लाटा तैयार हो गया है। अगर आपको मीठा ज़्यादा पसन्द है तो थोड़ा गुड़ भी डाल सकते हैं। यह बहुत पौष्टिक होता है।

5-7 व्यक्तियों के लिए पर्याप्त है।

महुआ का ऊझीला

सामग्री

एक लीटर	दूध
250 ग्राम	ताज़ा महुआ
	गोबर का कण्डा (उपले)

बनाने की विधि

- 1 मोटे पेंदी के भगोने (बटुली) में महुआ को अच्छी तरह से धोकर उसका बीज (जीरा) निकाल कर साफ़ कर लें।
- अब उपलों को तोड़कर अहरा लगा लें।
- आग सुलगने लगे तब उसके ऊपर भगोना रख दें, उसमें दूध व महुआ डाल दें।
- भगोने को किसी प्लेट से ढँक दें। भगोने को पूरा न ढँकें। भगोने को धीमी-धीमी आग पर एक से डेढ़ घंटे रहने दें।
- जब दूध जलकर आधा रह जाये तब उसको आग से उतार लें। महुआ का ऊझीला तैयार हो गया।

5 व्यक्तियों के लिए पर्याप्त है।

विशेष : अहार - गोबर के उपले के सुगलते हुए लाल-लाल टुकड़ों को अहार कहा जाता है।

महुआ की लप्सी

सामग्री

दो किलो	ताज़ा महुआ
100 ग्राम	गेहूँ का आटा

4-5 व्यक्तियों के लिए पर्याप्त है।

बनाने की विधि

- महुआ को धोकर साफ़ कर लें, उसका रस निकाल लें। रस लगभग 1 लीटर हो।
- गैस पर कड़ाही चढ़ा दें उसमें महुआ का रस डाल दें। गैस को जला दें।
- जब महुआ का रस उबलने लगे तब आटे को मुलायम गूध लें।
- अब सेव झारने वाले झरने को कड़ाही के ऊपर रख कर उस पर गूँधा हुआ आटा रख कर सेव झारें। जब पूरा आटा झार लें तब झरने को हटा दें।
- रस को धीमी आँच पर 10 मिनट तक उबलने दें। लप्सी पक कर तैयार हो गयी। लप्सी को तब पकायें जब तक लप्सी एक सार न हो जाय।

महुआ का गुलगुला

सामग्री

एक लीटर	महुए का रस (ताज़ा)
500 ग्राम	गेहूँ का आटा
500 ग्राम	महुआ या सरसों का तेल तलने के लिए

बनाने की विधि

- महुआ को धोकर व हाथ से मसलकर छन्ने से छान लें। छानकर रस निकाल लें।
- एक बरतन में आटा लें और महुए के रस से उसको गाढ़ा-गाढ़ा फेंटें। ज़रूरत पड़े तो और आटा मिला लें।
- आटे व महुए के मिश्रण को 15-20 मिनट तक फेंटें।
- फेंटने के बाद 6-7 घंटे के लिए रख दें।
- गैस पर कड़ाही चढ़ा कर गैस को जला दें। कड़ाही में सरसों या महुआ का तेल डाल दें। तेल गरम हो जाये तब उसमें आटे के घोल को (गुलगुला) पकौड़ी जैसा डाल दें। आकार पकौड़ी से बड़ा होना चाहिए। जब गुलगुला लाल हो जाये तब उसको तल कर निकाल लें।
- गुलगुला तैयार हो गया। तैयार गुलगुले को आम के अचार के साथ परोसें।
- इसको सूखे महुए से भी बना सकते हैं। महुआ को धोकर पानी में भिगो दें। उसको पीसकर उसका रस निकालकर प्रयोग में लाया जा सकता है।

कष्टूष्णं सार्षपं तीक्ष्णं कफशुक्रानिलापहम्।
लघु पित्तास्रकृत् कोठकुष्ठार्शोव्रणजन्तुजित्।। चरक सूत्र, 59

सरसों का तेल कटु, उष्ण, तीक्ष्ण होता है। यह कफ, शुक्र तथा वात दोषनाशक है, लघु है, पित्त एवं रक्तवर्धक है, कोठ (जलपित्ती या पित्त उभड़ना), कुष्ठरोग, अर्शोरोग, व्रण तथा क्रिमियों को नष्ट करता है। ।।59।।

अष्टांगहृदयम् सूत्र (2014ः 77) के अनुसार सरसों वर्ण से दो प्रकार की होती है- 1. लाल तथा 2. पीली। इनमें लाल सामान्य है। इसका तेल निकाला जाता है। पीली सरसों पूजा-पाठ आदि शुभकृत्यों में सर्वत्र प्रयोग में लायी जाती है। पीली सरसों का प्रयोग कृत्या (मारण, मोहन, वशीकरण, उच्चाटन) आदि में भी होता है। पुनः यह दो प्रकार की होती है- 1. मीठी तथा 2. कड़वी। मीठी सरसों का शाक पर्वतीय क्षेत्रों में तथा पंजाब आदि में बड़े चाव से खाया जाता है। कड़वी सरसों का राई या लाई भी कहा जाता है। अल्मोड़ा, नैनीताल आदि क्षेत्रों में इसे बादशाहलाई भी कहते हैं। इसके पत्ते दो-चार इंच चौड़े होते हैं, इनका शाक भी अत्यन्त रुचिकर होता है।

चोखा-चटनी

चोखा व अचार में सरसों के कच्चे तेल का प्रयोग किया जाता है।

कोहड़ौरी (बड़ी) का चोखा

सामग्री

10	कोहड़ौरी
1	खड़ी लाल मिर्च
2 चम्मच	सरसों का तेल
2	प्याज (मध्यम आकार की)
	अमचूर
	नमक स्वादानुसार

बनाने की विधि

- कोहड़ौरी को दरदरा कूट लें।
- गैस पर तवा चढ़ाकर गैस को जला दें। कोहड़ौरी को तवे पर भून लें।
- लाल मिर्च भी तवे पर भून लें, अब उसको एक प्लेट में निकाल लें।
- प्याज को छोटे-छोटे टुकड़े में काट लें।
- लहसुन और लाल मिर्च को कूट लें।
- कोहड़ौरी में लहसुन, मिर्च, तेल, नमक, प्याज और अमचूर पाउडर डालकर उसमें 2 चम्मच पानी भी डाल दें। सब सामग्री मिक्स कर लें। अब कोहड़ौरी का चोखा तैयार हो गया।

5 व्यक्तियों के लिए के लिए पर्याप्त है।

विशेष : इसमे आलू भी भूनकर मिक्स कर सकते है। आलू मिलाने से यह चोखा आलू-कोहड़ौरी का चोखा कहलाता है। अवध के गाँवों में वर्षा ऋतु में कौहड़ौरी का चोखा विशेष रूप से बनाया जाता है।

पके हुए लाल टमाटर की चटनी

सामग्री

1 किलो	टमाटर
300 ग्राम	गुड़
50 ग्राम	सरसों का तेल
1 चम्मच	पंचफोरन
1 चम्मच	पिसी हल्दी
1 चम्मच	पिसा लाल मिर्च
	नमक स्वादानुसार

बनाने की विधि

- टमाटर को धोकर छोटे-छोटे टुकड़ों में काट लें।
- गैस पर कड़ाही चढ़ा दें और गैस को जला दें।
- कड़ाही में सरसों का तेल डाल दें।
- जब तेल गरम हो जाये तब उसमें पंचफोरन को डाल दें।
- पंचफोरन हो जाये तब उसमें कटा हुआ टमाटर डाल दें।
- उसमें हल्दी व मिर्च डालकर चला दें।
- टमाटर में गुड़ फोड़कर छोटे टुकड़ों में डाल दें और नमक डाल दें।
- चटनी को लगभग 20 मिनट तक पकने दें।
- जब चटनी पक कर थोड़ी गाढ़ी हो जाये और उसमें चमक आ जाये तब उसको गैस से उतार दें।
- टमाटर की चटनी पक कर तैयार हो गयी।

विशेष : टमाटर की यह चटनी जाड़े में अधिक बनाई जाती है। गुड़ व पंचफोरन पड़ने के कारण यह कफनाशक व पौष्टिक हो जाती है। टमाटर की चटनी दलभरी पूड़ी के साथ परोसी जाती है।

अलसी (तीसी) की चटनी

सामग्री

50 ग्राम	अलसी
150 ग्राम	खट्टा मट्ठा
7-8 कली	लहसुन
4-5	लाल मिर्च
	नमक स्वादानुसार

4-5 व्यक्तियों के लिए पर्याप्त है।

बनाने की विधि

- अलसी को साफ़ कर लें।
- गैस पर कड़ाही रख कर गैस को जला दें।
- कड़ाही में अलसी डालकर भूनें जब अलसी से सोंधी-सोंधी महक (खुशबू) आने लगे और अलसी फूल जाये तब गैस को बन्द कर दें और अलसी को कड़ाही से निकाल लें।
- सूखी लाल मिर्च कड़ाही में भून लें।
- अलसी, लहसुन, भुनी हुई लाल मिर्च, नमक स्वाद के अनुसार डालकर सभी को पीस लें और उसमें मट्ठा डालकर अच्छी तरह से मिला लें।
- अलसी की चटनी तैयार हो गयी।
- अलसी की चटनी बहुत पौष्टिक होती है। इसे चूनी की रोटी से खाया जाता है।

बैंगन का चोखा

सामग्री

1	बड़ा गोल बैंगन
3	टमाटर
3	बड़े चम्मच सरसों का तेल
3-4	हरा मिर्च (कटा हुआ)
10-15	कली लहसुन (छिला हुआ)
2	बड़े चम्मच हरा धनिया (कटा हुआ)
	नमक स्वादानुसार

3-4 व्यक्तियों के लिए पर्याप्त है।

बनाने की विधि

- बैंगन को धोकर उसमें चाकू से छेद कर दें।
- बैंगन को कंडे की आग या चूल्हे की आग में भून लें।
- आग में टमाटर भी भून लें।
- भूनें हुए टमाटर और बैंगन को हल्का-सा धोकर छील लें और किसी बरतन में रख लें।
- छिले हुए बैंगन में टमाटर, कटा हुआ लहसुन, हरी मिर्च, डाल दें।
- सरसों का कच्चा तेल, धनियाँ व नमक स्वाद के अनुसार डाल कर सब अच्छी तरह मिला लें।
- बैंगन का चोखा तैयार हो गया।
- भूनें बैंगन का चोखा, लिट्टी/बाटी अथवा सगपहिता की दाल के साथ बहुत स्वादिष्ट लगता है।

बथुआ का चोखा

सामग्री

1 किलो	बथुआ का साग
15	कली लहसुन (छिला हुआ)
5-6	हरा मिर्च
1 बड़ा चम्मच	सरसों का तेल
1 छोटा चम्मच	नींबू का रस या अमचूर
	नमक स्वाद अनुसार

5-6 व्यक्तियों के लिए पर्याप्त है।

बनाने की विधि

- बथुआ का साग 3-4 बार साफ़ पानी से धो लें।
- साग को बारीक-बारीक काट लें गैस पर लोहे की कड़ाही चढ़ा दें और गैस को जला दें।
- कड़ाही में साग डाल कर नमक डालकर ढक दें और गैस को धीमा कर दें।
- थोड़ी देर बाद साग का ढक्कन खोलकर चला दें और फिर ढक दें।
- अब थोड़ी देर बाद ढक्कन खोलकर साग का पानी सूखा कर उसको अच्छी तरह कल्छी से पीट दें और कड़ाही को उतार कर साग किसी बरतन में निकालें और ठंडा होने दें।
- लहसुन मिर्च बारीक-बारीक काट लें। साग में लहसुन, हरी मिर्च सरसों का तेल और नींबू का रस डालकर साग को खूब अच्छे से मिक्स कर दें।
- अब बथुआ का चोखा बनकर तैयार हो गया।
- यह अत्यधिक पौष्टिक होता है।
- मक्के की रोटी, बथुआ का चोखा, गुड़ व घी ग्रामीण क्षेत्रों में एक साथ परोसा जाता है।

सेम का चोखा

सामग्री

500 ग्राम	सेम
1 बड़ा चम्मच	सरसों
1 छोटा चम्मच	पिसी हल्दी
1 बड़ा चम्मच	सरसों का तेल
5-6	हरा मिर्च
एक चम्मच	नींबू का रस या अमचूर
	नमक स्वाद अनुसार

बनाने की विधि

- सेम को साफ़ धोकर किनारों के सूत को दोनों तरफ से निकाल दें।
- सेम को छोटा-छोटा काट लें सेम को कुकर में आधा कप पानी डाल कर गैस पर चढ़ा दें और गैस को जला दें।
- जब कुकर में एक सीटी आ जाये, तब गैस को बन्द कर दें कुकर को खोल कर गैस जलाकर सेम का सारा पानी सूखा कर निकाल लें और गैस को बन्द कर दें।
- सेम को किसी बरतन में फैला दें।
- जब सेम ठंडा हो जाये, तो मिक्सी में सरसों, मिर्च पीस लें सेम में सरसों, मिर्च, पिसी हुई हल्दी, तेल, नींबू का रस व नमक डाल कर मिला दें।
- सेम का चोखा बन कर तैयार हो गया।

निष्पावो वातपित्तास्रस्तन्यमूत्रकरो गुरुः।।20।। *चरक सूत्र*
सरो विदाही दृक्शुक्रकफशोफविषापहः।।

निष्पाव (सेव) वात-पित्तकारक, स्तन्य (दूध) तथा मूत्र को बढ़ाता है। यह गुरुपाकी होता है, सर, विदाही (पाचनकाल में दाहकारक होता है), नेत्रविकार, शुक्रदोष, कफविकार शोथ एवं विषविकारों को नष्ट करता है। ।।20।।

(अष्टांग हृदयम् सूत्र 2014: 90)

नीबू की चटनी

सामग्री

150 ग्राम	नीबू का रस
100 ग्राम	हरी मिर्च
100 ग्राम	छिला लहसुन
100 ग्राम	अदरक
1 छोटा चम्मच	हल्दी पिसी
25 ग्राम	काला नामक
25 ग्राम	सादा नमक
1 बड़ा चम्मच	सरसों का तेल

बनाने की विधि

- नीबू का रस निकाल कर अलग रख लें।
- अदरक, मिर्च और नीबू को धोकर साफ़ कर लें।
- अदरक को छील लें। मिर्च और अदरक को धोने के बाद उसका पानी सुखा लें। सूखने के लिए आधा घंटा धूप में रख दें।
- अब लहसुन, मिर्च, अदरक सब मिक्सी में दरदरा पीस लें।
- एक बरतन में नीबू का रस, पिसा हुआ अदरक, लहसुन, मिर्च का पेस्ट, नमक, हल्दी, तेल सब मिक्स कर लें।
- उसके बाद मिश्रण को एक बरनी में भरकर 2-3 दिन धूप में रख दें।
- चटनी तैयार है।
- यह चटनी एक माह तक प्रयोग में लायी जा सकती है। यह चटनी बहुत स्वादिष्ट होती है। साथ ही स्वास्थ्यवर्धक भी होती है।

दाल-भात -खिचड़ी

सगपहिता

सामग्री

250 ग्राम	छिलके सहित उड़द की दाल
250 ग्राम	पालक का साग
100 ग्राम	सोया का साग
1 चम्मच	मेथी
5-6	सूखी लाल मिर्च
15 कली	लहसुन (छिला)
100 ग्राम	सरसों का तेल
50 ग्राम	देशी घी
	हींग स्वादानुसार
	नमक स्वादानुसार

5-7 व्यक्तियों के लिए पर्याप्त है।

बनाने की विधि

- उड़द की दाल को धोकर साफ़ कर लें।
- पालक का साग, सोया का साग साफ़ धोकर बारीक़-बारीक़ काट लें।
- साग और दाल को कुकर में एक लीटर पानी के साथ गैस पर चढ़ा दें। गैस को जला दें।
- कुकर में नमक व हींग डालकर बन्द कर दें।
- जब कुकर में सीटी आ जाये तब गैस को धीमा कर के 15 मिनट तक पकने दें।
- गैस को बन्द कर दें जब कुकर ठंडा हो जाये तब उसका ढक्कन खोल कर गैस धीमा कर के रख दें और कल्छी से सगपहिता को खूब घोट दें।
- जब सगपहिता ख़ूब घुट जाये तो उसमें पानी देख लें ज़रूरत हो तो और पानी डालकर पका लें। अब कुकर को गैस से उतार लें।
- एक कड़ाही गैस पर चढ़ाकर गैस जला दें। कड़ाही में तेल डाल दें।
- जब तेल गरम हो जाये तब उसमें कटा हुआ लहसुन और लाल मिर्च, तोड़कर डाल दें।
- एक चुटकी हींग डाल दें। जब लहसुन, मिर्च, लाल हो जाये तब सगपहिता में छौंक लगा दें। ऊपर से देशी घी डालकर परोसें।
- सगपहिता तैयार हो गया।
- इसको उड़द के अतिरिक्त अरहर दाल, चना दाल, मूँगदाल और मटर की दाल में बना सकते हैं। सर्दियों में सभी प्रकार के साग सहजता से उपलब्ध होते है। अतः सगपहिता सर्दियों में अधिक बनाया जाता है। सगपहिता पालक के अलावा बथुआ के साग का भी बनता है।

नगदवा

सामग्री

250 ग्राम	चने की दाल
400 ग्राम	हरा कोंहड़ा (कद्दू)
150 ग्राम	सरसों का तेल
1 चम्मच	पिसी हल्दी
आधा चम्मच	पिसा लाल मिर्च
1 गाँठ	लहसुन (छिला)
1	प्याज
1 चम्मच	जीरा
आधा चम्मच	काली मिर्च
3	बड़ी इलायची
4	हरी इलायची
5	लौंग
2	तेजपात
1 इंच	टुकड़ा दालचीनी
2	टमाटर
एक चुटकी	हींग
4-5	हरी मिर्च
2-3	कोहड़ौरी (बड़ी)
2 चम्मच	देशी घी
	नमक स्वादानुसार

बनाने की विधि

- चने की दाल को धोकर साफ़ कर लें।
- कद्दू को धोकर छोटे-छोटे टुकड़ों में काट लें।
- प्याज को भी बारीक़ काट लें।
- मसालों जैसे-जीरा, काली मिर्च, बड़ी इलायची, हरी इलायची, लौंग और लहसुन को एक साथ पीस लें।
- अब गैस पर कुकर चढ़ा दें। गैस को जला दें, कुकर में सरसों का तेल डाल दें; जब तेल गरम हो जाये तब उसमें कोहड़ौरी डालकर तल के निकाल लें।
- अब तेल में तेजपात, दालीचीनी डाल दें, तड़का हो जाये, तब उसमें प्याज और हींग डाल दें।
- जब प्याज लाल हो जाये तब उसमें पिसा हुआ मसाला और हल्दी डालकर भुनें।
- जब मसाला भुन जाये तब दाल और कद्दू डालकर भुने अब पानी डाल दें। पानी आवश्यकतानुसार रहे।
- दाल में हरी मिर्च, टमाटर, दो भाग में करके डालें और कोहड़ौरी डाल दें।
- अब नमक डालकर कुकर बन्द कर दें।
- जब कुकर में सीटी आ जाये तब गैस को धीमा कर दें और धीमी आँच पर 10-15 मिनट पकने दें। गैस को बन्द कर दें।
- जब कुकर ठंडा हो जाये तब दाल किसी बरतन में निकाल कर ऊपर से देशी घी डाल दें। नगदवा बनकर तैयार है।

5-7 व्यक्तियों के लिए पर्याप्त है।

विशेष : नगदवा को मटर की दाल में भी बना सकते हैं, और इसमें कद्दू के अलावा, लौकी, या कटहल और घुइयां डाल कर भी बनाया जाता है। मांगलिक अवसरों पर नगदवा विशेष रूप से बनाया जाता है। अवध के ग्रामीण अंचलों में चने की दाल को शुभ माना जाता है।

मक्के का भात (चावल)

सामग्री

1 कप	मक्का का चावल
3 कप	पानी

बनाने की विधि

- सूखे मक्के के दाने को चकरी में दरा जाता है। दरने से उसके छोटे-छोटे टुकड़े हो जाते हैं। टुकड़ों को सूप में फटक कर साफ़ कर लिया जाता है और जो बड़े टुकड़े होते हैं या बहुत छोटे टुकड़ों को उनको अलग कर लिया जाता है। बीच का जो मक्के का टुकड़ा होता है उसका भात बनता है।
- मक्के का भात बनाने के लिए चूल्हे पर एक भगोने या बटुली में पानी रख दें। जब पानी उबलने लगे तब उसमें मक्के का चावल धो कर डाल दें। अब उसको पल्टे से चला दें। चावल को पकने दे और बीच-बीच में चलाते रहें। यदि पानी कम लगे तो पानी और डाल दें और चला दें। जब भात पक जाये तब उसको चूल्हे से उतार लें। अब भात बनकर तैयार हो गया। यह अत्यधिक पौष्टिक होता है। इसकी पौष्टिकता का वर्णन करते हुए ग्रामीण अंचलों में निम्न कहावत प्रचलित हैः

मकइया' रे तोर' गुन' गुथब माला।
'भात' चुरय' खुदूर बुदूर रोटी छीतरा' ला।।
भइसी' के माठा' से सर-सर' घोटाला।
मकइया रे तोर गुन गावय' न जाला।।

अर्थात्- मक्के का चावल धीमे-धीमे पकता है, जबकि मक्के की रोटी यदि बहुत सावधानी से न बनाई जाये तब किनारों से फट जाती है। साथ ही मक्के के भात को दही अथवा मट्ठा के साथ खाने पर इतना अधिक पौष्टिक हो जाता है कि उसका गुण शब्दों में नहीं बताया जा सकता।

2-3 व्यक्तियों के लिए पर्याप्त है।

- मकइया - मक्का या भुट्टा
- तोर - तुम्हारा
- गुन - गुण
- भात - चावल
- छीतरा - फैला हुआ
- भइसी - भैंस
- माठा - मट्ठा या छाछ
- सर-सर - सहजता से
- घोटाला - निगलना
- गावय - बताना

हरे मटर की खिचड़ी

सामग्री

250 ग्राम	हरी मटर का दाना
250 ग्राम	चावल
200 ग्राम	तेल
50 ग्राम	हरी धनिया
4-5	पेड़ हरा पत्तेदार लहसुन
6-7	हरा मिर्च
3 बड़ी	इलायची
1 चम्मच	जीरा
1 चम्मच	काली मिर्च
आधा चम्मच	पिसी हल्दी
4	हरी इलायची
4-5	लौंग
4-5	कोहड़ौरी
1 इंच टुकड़ा	अदरक
2-3	तेजपात
2 इंच	टुकड़ा दालचीनी
15-20	दाना मेथी
1	प्याज बारीक़ कटी हुई
2-3	आलू कटे हुए
5-6	टुकड़े गोभी
50 ग्राम	देशी घी
	नमक स्वादानुसार

बनाने की विधि

- हरे मटर के दानों को मिक्सी में दरदरा पीस लें।
- धनिया, मिर्च, लहसुन, अदरक छोटे टुकड़े में काटकर पीस लें।
- ब़ड़ी इलायची, जीरा, काली मिर्च, हरी इलायची और लौंग को भी अलग से पीस लें।
- आलू और गोभी को धोकर काट लें। एक प्याज लच्छे में तड़के के लिए काट लें।
- चावल धोकर रख लें।
- गैस पर भगोना चढ़ाकर गैस जला दें। उसमें सरसों का तेल डाल दें।
- जब तेल गरम हो जाये तब उसमें कोहड़ौरी डालकर भुन कर निकाल लें।
- भगोने में मेथी, तेजपात, दालचीनी, हींग डाल दें।
- जब तड़का हो जाये तब उसमें कटी प्याज डालकर लाल कर लें।
- आलू और गोभी डालकर 5 मिनट भुनें।
- उसमें पिसी मटर डालकर 2-3 मिनट भुनें।
- मटर में सभी पिसे मसाले डालकर भुनें।
- अब उसमें क़रीब डेढ़ लीटर पानी डालकर चावल डाल दें।
- उसमें नमक और कोहड़ौरी डाल दें और पकने दें।
- जब चावल अच्छी तरह से पक जाये किन्तु चावल गलना नहीं चाहिए। तब उसको गैस से नीचे उतार लें। यदि पानी कम लगे तो और पानी डालकर पका सकते हैं।
- आपकी हरे मटर की खिचड़ी तैयार हो गयी।
- देशी घी डालकर गरमागरम परोसें। यह अत्यधिक स्वादिष्ट होती है।
- सामान्यतः हरे मटर की खिचड़ी को बैंगन के चोखे के साथ परोसा जाता है।

हरे मटर की दाल

सामग्री

500 ग्राम	दाल
1	छोटी प्याज बारीक़ कटी हुई
1 कटोरी	हरी धनिया कटा हुआ
10	हरे लहसुन के पत्ते कटे हुए
6-7	हरी मिर्च
1 चम्मच	जीरा
आधा चम्मच	काली मिर्च
3	बड़ी इलायची
4	हरी इलायची
5	लौंग
आधा चम्मच	हल्दी
75 ग्राम	सरसों का तेल
2	तेजपात
1 इंच टुकड़ा	दालचीनी
50 ग्राम	देशी घी
	हींग स्वादानुसार
	नमक स्वादानुसार

बनाने की विधि

- हरे मटर की फली जब कड़ी हो जाये तब उसको छीलकर धो लें।
- मटर के दाने को सिल-बट्टे से दर दें ताकि दाल और छिलका अलग हो जाये।
- दरी हुई दाल को पानी से धोकर छिलका अलग कर दें।
- अब एक भगोने में पानी चढ़ाकर गैस जला दें। उसमें हरी मटर की दाल डाल दें। दाल को पकने दें।
- धनिया, मिर्च, लहसुन और सभी मसाले एक साथ पीस लें।
- गैस पर कड़ाही में तेल चढ़ा दें। गैस को जला दें। जब तेल गरम हो जाये तब उसमें दालचीनी, तेजपात का तड़का डाल दें।
- जब तड़का हो जाये तब उसमें प्याज डाल दें।
- प्याज लाल हो जाये तब उसमें हींग और पिसा हुआ मसाला व हल्दी डालकर भुनें।
- जब मसाला भुन जाये तब उसको दाल में डाल दें।
- जब दाल पक जाये तब दाल को गैस से नीचे उतार लें और उसमें देशी घी डालकर चला दें।
- हरी मटर की दाल तैयार हो गयी। गरमागरम सर्व करें।

5-7 व्यक्तियों के लिए पर्याप्त है।

बाजरे की खिचड़ी

सामग्री

एक कप	बाजरे का चावल
एक कप	उड़द की छिलकेदार दाल
1 चम्मच	हल्दी पाउडर
	देशी घी
6 कप	पानी
2 इंच टुकड़ा	अदरक
एक चुटकी	हींग
	नमक स्वादानुसार

बनाने की विधि

- बाजरे को हल्का पानी लगाकर ओखली और मूसल से खूब कूट लें। जब उसका छिलका (भूसी) बाजरे से अलग हो जाये तब उसको सूप से फटक कर साफ़ कर लें। बाजरे का चावल (कच्चा) डिब्बे में भरकर रख लें।
- चूल्हे को जलाकर एक बटुली में पानी रख दें। जब पानी खूब गरम हो जाये (अदहन) तब उसमें अदरक काट कर डाल दें।
- अब उसमें चावल और दाल धोकर डाल दें और उसको पल्टे से चला दें।
- जब खिचड़ी पकने लगे तब ऊपर झाग आ जायेगा। झाग को पल्टे से हटा दें और उसमें नमक और हल्दी और हींग डाल दें।
- खिचड़ी को बीच-बीच में चलाते रहें। यदि आप थोड़ी पतली खिचड़ी पसन्द करते हो तब बटुली में और पानी डाल के पकायें।
- जब खिचड़ी पक जाये तब चूल्हे से उतार लें।
- पकी हुई बाजरे की खिचड़ी में ऊपर से घी डाल दें।
- अब बाजरे की खिचड़ी बनकर तैयार हो गयी। यह सर्दियों में खायी जाती है।

लोक-मिष्ठान

अग्निरिन्द्रो वरुणो मित्रो अर्यमा वायुः पूषा सरस्वती सजोषसः।
आदित्या विष्णुर्मरुतः स्वर्बृहत्सोमो रुद्रो अदितिर्ब्रह्मणस्पतिः। ऋग्वेद

तेषां हि मह्ना महतामनर्वणां स्तोमाँ इयर्म्यृतज्ञा ऋतावृधाम्।
ये अप्सवमर्णवं चित्रराधसस्ते नो रासन्तां महये सुमित्र्याः।। ऋग्वेद

"May Natures' bounties : the fire, the lightning, the water, the sun, the wind, divine speech, solar radiations, the sky, the cloud, the healing aid, the vital breath, the mother earth and the Supreme Lord be of one consent in awarding us the blessings."

सोंठ के लड्डू (सोठउरा)

सामग्री

1 किलो	गेहूँ का आटा
100 ग्राम	पोस्ता का दाना
100 ग्राम	चिरौंजी
100 ग्राम	काजू
100 ग्राम	बादाम
100 ग्राम	नारियल
100 ग्राम	मुनक्का
100 ग्राम	किशमिश
100 ग्राम	सोंठ
100 ग्राम	तीखुर
100 ग्राम	हल्दी पिसी
100 ग्राम	गोंद
100 ग्राम	मखाना
1 कि.ग्रा.	देशी घी
600 ग्राम	चीनी का बुरादा

60-70 लड्डुओं की सामग्री

बनाने की विधि

- आटे को धीमी आँच पर ख़ूब लाल होने तक एक कड़ाही में भून कर रख लें।
- तीखुर अगर गाँठ वाला है तो उसे मिक्सी में पीस लें। उसके बाद धीमी आँच पर कड़ाही में तब तक भूनें जब तक वह चलाने में ख़ूब हल्का न लगे। उसे भी अलग रख लें।
- पोस्ते के दाने को सूखी कड़ाही में अच्छी तरह भून कर रख लें।
- गोंद को मिक्सी में पीस कर पाउडर बना लें। उसके बाद सूखी कड़ाही में भून लें। भूनने के बाद गोंद पपड़ी जैसा हो जायेगा। अब फिर से मिक्सी में हल्का-सा चला दें, किन्तु ज़्यादा बारीक़ न करें।
- सभी मेवे को छोटे टुकड़े में काट लें। मुनक्का का बीज निकाल दें।
- अब कड़ाही में 500 ग्राम घी डाल दें। पहले मखाने को तलें। तलने के बाद उसको कड़ाही से बाहर निकाल लें।
- उसके बाद किशमिश छोड़ सभी मेवे को कड़ाही में डालकर भूनें।
- जब मेवा हल्का भुन जाये तब अन्त में किशमिश डालकर भूनें।
- घी कम हो तो और थोड़ा घी कड़ाही में और डाल दें। अब उसमें गोंद डालकर चला दें।
- अगर आप अलग से गोंद को घी में डालेंगी तो तब पूरी गोंद एक साथ चिपक जायेगी। सभी मेवे के साथ घी में हल्दी भी डालकर मिला दें।
- एक बड़े थाल में भुना आटा लें, उसमें सभी सामग्री मिला लें जैसे तीखुर, पोस्ता का दाना, चीनी का बुरादा, सोंठ तथा बाक़ी सब भुने मसाले (मेवा) मिला लें।
- उसको हाथों से अच्छी तरह मिलायें। अगर और घी की ज़रूरत है तो और घी मिला लें और लड्डू के आकार का गोल-गोल बना लें। सोठउरा तैयार है।

विशेष - सोंठ के लड्डुओं को सद्यः प्रसूता महिलाओं (जच्चा) को खाने को दिया जाता है। यह औषधीय गुणों से युक्त होता है। बच्चे के जन्म के बाद सोठउरा घरों में अवश्य बनाया जाता है।

सोठौरा से सम्बन्धित बहुत से लोकगीत भी प्रचलित हैं-

मेरे नैहर[1] से आया हजार लड्डू
लड्डू है सौंठ का ...

सासु जी आयीं पलंग चढ़ बैठीं
तनी बहू हमहूँ के लड्डू चीखाउ [2]
लड्डू है सौंठ का ...

लड्डू फोड़त मेरी अंगुरी [3] दुखानी [4]
सोगहग[5] दिया न जाए
लड्डू है सौंठ का ...

[1]मायका, [2]स्वाद लेना, [3]उंगली, [4]दर्द, [5]समूचा

गुड़ का सोंठउरा

सामग्री

डेढ़ किलो	गुड़
250 ग्राम	देशी घी
50 ग्राम	पिसी सोंठ
25 ग्राम	पिसी हल्दी
50 ग्राम	काजू
50 ग्राम	किशमिश
50 ग्राम	चिरौंजी
50 ग्राम	कटा नारियल (छोटे-छोटे टुकड़ों में कटा हुआ)
50 ग्राम	छुहारा
50 ग्राम	मखाना
50 ग्राम	बादाम
50 ग्राम	गोंद
50 ग्राम	मुनक्का
50 ग्राम	पोस्ता का दान

बनाने की विधि

- सभी मेवे को छोटे-छोटे टुकड़े में काट लें।
- गुड़ को खलबट्टे में कूटकर बारीक़ कर लें गैस पर कड़ाही चढ़ा दें और गैस को जला दें।
- कड़ाही में देशी घी डाल दें और गोंद को छोटे-छोटे टुकड़े करके घी में तल कर किसी बरतन में निकाल लें।
- अब सब मेवे को घी में डाल कर तल लें मेवा में हल्दी भी डाल दें।
- अब सब मेवे को किसी बड़े बरतन में निकाल लें और उसमें गुड़, सोंठ, गोंद डाल कर अच्छे से मिला लें।
- जब गुड़ व मेवा बहुत थोड़ा ठण्डा हो जाए, तब उसको हाथ से मसल-मसल कर अपने मन पसन्द आकार के लड्डू बना लें।
- गुड़ का सोंठउरा बनकर तैयार हो गया।

हम नहीं पुजबइ बरहिया, भइया नहिं अयलन है।
चेरिया, देखि आवऽ हमरो बिरना, कहुँ चलि आवत है।।1।।

यही बीचे अयलन भइया त जियरा जुड़ाय गयलन हे।
अब हम पुजबो बरहिया, भइया मोर आयल हे।।2।।

सासु जी कहँमाहि धरियइ देउरिया, कहाँ रे सोठाउर है।
सासु जी कहँमाहि बइठइयइ बीरन भइया, देखतो सोहामन लगे है।।3।।

सद्म: प्रसविनी बहू कहती है कि मैं बरही के दिन पूजन नहीं करूँगी,
क्योंकि अभी तक मेरे भाई नहीं आए हैं।
हे दासी! तू ज़रा बाहर जाकर देख तो आ, कहीं मेरे भाई चले तो नहीं हैं?||1||

इसी बीच भैया आ गए, तब बहिन का हृदय शीतल हो गया।
उसने कहा "अब मैं बारहवें दिन पूजन करूँगी, मेरे भैया आ गए हैं"।।2।।

बहू ने सास से कहा-हे सास जी! कहाँ दोरी रखें,
कहाँ सोठौरा और मेरे वीर भाई कहाँ बैठे।
देखने में वे बड़े शोभायमान लगते हैं।।3।।
(अवस्थी , 70, 2002)

इन गीतों से लोग समाज के सामाजिक ताने-बाने, रीति-रिवाज, धार्मिक विश्वास, प्रथाएं, लैंगिक विभेद तथा नातेदारी सम्बन्धों का भी पता चलता है।

बेर्रा का हलुआ

सामग्री

1 कटोरी	पिसा बेर्रा
1 कटोरी	देशी घी
1 कटोरी	चीनी

4-5 व्यक्तियों के लिए के लिए पर्याप्त है।

बनाने की विधि

- गैस पर कड़ाही को चढ़ा दें, और गैस जला दें। कड़ाही में देशी घी डाल दें।
- जब घी गरम हो जाये तब उसमें पिसा हुआ बेर्रा डालकर भूनें।
- बेर्रा भुन जाये व घी अलग होने लगे तब उसमें चीनी डाल के चला दें।
- भुने हुए बेर्रा में एक कटोरी पानी डालकर पकायें। जब हलुआ ख़ूब पक कर एक साथ लिपट जाये और घी छोड़ने लगे, तब गैस को बन्द कर दें और कड़ाही को नीचे उतार दें।
- एक थाली में घी लगाकर हलवे को निकाल लें और हाथ में पानी लगाकर हलवे को घी लगी थाली में फैला दें।
- जब हलुआ ठंडा हो जाये तब उसको बर्फ़ी के आकार का काट दें। हलुआ बनकर तैयार हो गया। हलुआ को बिना जमाये भी कटोरी में गरमगरम सर्व किया जा सकता है।

बेर्रा बरसात के दिन में तालाब में पाया जाता है। यह कोईन का फल होता है। कोईन सफ़ेद रंग का कमल की तरह ही, पानी में उगने वाला फूल होता है। हरे कोईन का फल पत्तों के साथ पानी में तैरता रहता है। यह गोल-गोल गाढ़े हरे रंग का होता है। यही फल वह बेर्रा कहलाता है। उसमें राई जैसे दाने होते हैं। बेर्रा के राई जैसे दाने को निकालकर अच्छी तरह धो लें। दानों को सिल बट्टे पर पीसकर उसका हलुआ बनाया जाता है।

विशेष - कोईन का फल (बेर्रा) बरसात के मौसम में ही होता है। ग्रामीण अंचलों में इसे लोग व्रत में खाते हैं। बेर्रा सुखाकर इसका पाउडर बनाकर भी रखा जाता है। ताकि अन्य मौसम में बेर्रा के तैयार पाउडर से हलवा बनाया जा सके।

बाजरे का पुआ

सामग्री

300 ग्राम	बाजरे का आटा
100 ग्राम	गुड़
50 ग्राम	सफेद तिल
250 ग्राम	घी या तेल तलने के लिए

बनाने की विधि

- सर्वप्रथम गुड़ को छोटे-छोटे टुकड़ों में फोड़ दें।
- गुड़ के टुकड़ों को पानी में भिगो कर रख दें जिससे टुकड़े पानी में गलकर एक सार हो कर मिल जाये ।
- बाजरे के सूखे आटे में तिल अच्छी तरह मिला ले।
- गुड़ के पानी में आटे को कड़ा गुथ लें।
- गूँथे हुए आटे से लोई बना लें। हथेलियों के बीच में लोई को रखकर छोटी पूरी का आकार दे दें।
- पूरियों को घी में डालकर तल ले। पूरियाँ फूल जायेगी। पूरियों को मध्यम आँच पर तलें।
- बाजरे का पुआ तैयार हैं ।
- बाजरे का पुआ आम के अचार के साथ परोसा जाता है। इसकी तासीर गर्म होती हैं अतः यह सर्दियों में बनाया जाता है

10 पुए के लिऐ पर्याप्त है।

गुड़ गुझिया

सामग्री

400 ग्राम	आटा गेहूँ का
250 ग्राम	गुड़
3 चम्मच	पिसी सोंठ
4 चम्मच	बारीक़ कटा हुआ नारियल
500 ग्राम	घी

बनाने की विधि

- एक बरतन में आटे को रख लें और पानी से मुलायम गूध लें।
- अब एक बरतन में गुड़ को बारीक़ फोड़कर रख लें उसमें सोंठ, नारियल मिक्स कर लें। अब आटे की छोटी-छोटी लोई बनाकर उसकी पूड़ी बेल लें।
- अब पूड़ी के बीच में गुड़ का मिश्रण रखकर पूड़ी को मोड़ दें और उसके किनारे को चिपका दें, किनारे को बारीक़-बारीक़ मोड़ (गोंठ) लें, इसी तरह सब गुड़ गुझिया बनाकर तैयार कर लें।
- अब गैस पर कड़ाही चढ़ा दें और गैस को जला दें अब कड़ाही में घी डाल दें, जब घी गरम हो जाय तब उसमें गुझिया डाल कर तले।
- गैस को मीडियम कर लें और अब गुझिया ब्राउन हो जाय तब गुझिया को कड़ाही से निकाल लें। इसी तरह सब गुझिया तल लें।
- अब गुड़ गुझिया बनकर तैयार हो गयी।

विशेष : होली के त्यौहार में 'गुड़-गुझिया' बनायी जाती है। अवध के ग्रामीण अचलों में नाग-पंचमी के त्योहार पर गुड़-गुझिया बनाना आवश्यक होता है। हर घर में जितने पुरुष होते हैं, सबके नाम से 20-20 गुझिया बनती हैं एवं 20 गुझिया नाग देवता के लिए बनाई जाती हैं। इसके बाद महिलाएँ विधिपूर्वक पूजन करती हैं।

आटे का मोहनभोग (हलुआ)

सामग्री

100 ग्राम	गेहूँ का आटा
100 ग्राम	चीनी
150 ग्राम	देशी घी
एक कप	पानी
5-6	हरी इलायची का पाउडर

बनाने की विधि

- गैस पर कड़ाही चढ़ा दें। गैस को जला दें। कड़ाही में घी डाल दें जब घी गरम हो जाये तब उसमें आटा डाल दें।
- गैस धीमा करके आटे को लाल होने तक भूनें।
- अब आटा खूब अच्छी तरह से लाल हो जाये तब उसमें चीनी, पानी और इलायची पाउडर डालकर एक साथ चलायें।
- जब मोहनभोग एक साथ लिपट जाये और घी दिखने लगे तब गैस को बन्द कर दें।
- मोहनभोग बनकर तैयार हो गया।

5 व्यक्तियों के लिए पर्याप्त है।

विशेष : इस हलुवे का भगवान को भोग लगाया जाता है, इसलिए आटे के हलवे को मोहनभोग कहते हैं। अवध क्षेत्र में महिलाएँ सप्तमी का व्रत करती हैं। सावन की कृष्ण पक्ष की सप्तमी के बाद अगली सुबह तालाब पर जाकर मोहनभोग (हलुआ) पूरी व चने से पूजन करती हैं।

कुट्टू के आटे का हलुआ

सामग्री

100 ग्राम	कुट्टू का आटा
100 ग्राम	देशी घी
100 ग्राम	चीनी
5-6	हरी इलायची का पाउडर
एक गिलास	पानी

5 व्यक्तियों के लिए पर्याप्त है।

बनाने की विधि

- गैस पर कड़ाही चढ़ा दें और गैस को जला दें। कड़ाही में घी डाल दें।
- जब घी गरम हो जाये तब उसमें कुट्टू का आटा डालकर भूनें।
- गैस धीमा कर दें और आटे को लाल होने तक भूनें जब आटा भुन जाये तब उसमें चीनी और पानी डालकर चलायें।
- हलुआ पक जाये और एक साथ लिपट जाये तब उसमें इलायची पाउडर डालकर चलायें।
- अब गैस को बन्द कर दें। एक थाली में घी लगाकर हलवे को निकाल लें और हाथ में पानी लगाकर हलवे को एक बराबर फैला दें।
- जब हलुआ ठंडा हो जाये तब उसको बर्फ़ी की तरह काट लें और बर्फ़ी को दूसरे बर्तन में निकाल लें।
- कुट्टू का हलुआ बनकर तैयार हो गया। बिना बर्फ़ी जमाये भी आप कटोरी में सर्व कर सकती हैं।

विशेष : कुट्टू का हलवा व्रत (उपवास) में खाया जाता है। कुट्टू को फलाहार माना जाता है।

गुड़ की बखीर (रसीयाव)

सामग्री

500 ग्राम	गुड़,
250 ग्राम	चावल
4-5	हरी इलायची
4-5	काजू-बादाम
5 चम्मच	देशी घी

बनाने की विधि

- गैस पर एक भगोने में 2 लीटर पानी चढ़ा दें। गैस को जला दें। भगोने में 500 ग्राम गुड़ डाल दें।
- जब पानी उबलने लगे तब गुड़ की गन्दगी ऊपर आ जायेगी। गन्दगी को किसी छन्नी से छान कर निकाल दें। उसमें 250 ग्राम चावल धोकर डाल दें। बखीर को पकने दें।
- जब बखीर का चावल पक के ख़ूब अच्छी तरह से गल जाये तब बखीर को चूल्हे से उतार लें।
- अब बखीर तैयार हो गयी।
- इलायची को कूट कर बखीर में डाल दें।
- यदि आप मेवा डालना चाहें तो उसको भी छोटे-छोटे टुकड़ों में काट कर डाल सकते हैं। ऊपर से देशी घी डालकर चला दें।
- गर्म अथवा ठंडा परोसें।

विशेष : अवध क्षेत्र में विवाहित बेटी अथवा बहू के मायके या ससुराल आने पर बखीर के साथ दालभरी-पूड़ी बनाने की परम्परा है। यह अत्यन्त शुभ माना जाता है। पितृपक्ष की नवमी तिथि को मातृनवमी के रूप में मनाया जाता है। मातृनवमी के दिन घर की पूर्वज महिलाओं का श्राद्ध व विसर्जन किया जाता है। इस दिन घरों में गुड़ व चावल का रसीयाव (बखीर) और दालभरी पूड़ी बनाकर पूजन होता है।

गन्ने का रस और साँवा के चावल की बखीर

सामग्री

50 ग्राम	घी
2 लीटर	गन्ने का रस
250 ग्राम	साँवा का चावल
4-5	हरा इलायची का पाउडर
2 चम्मच	घी

बनाने की विधि

- गन्ने के रस को छानकर चूल्हे (गैस) पर भगोने में चढ़ा दें।
- जब गन्ने का रस उबलने लगे तब उसमें गन्दगी (महिया) ऊपर आ जायेगी। महिया को छन्नी से छान कर निकाल लें।
- छने हुए साफ़ रस में साँवा का चावल धोकर डाल दें।
- रस को धीमी आँच पर पकने दें। जब साँवा का चावल अच्छी तरह से पक कर एक बराबर मिल जाये तब उसको चूल्हे से उतार लें।
- सावाँ की बखीर बनकर तैयार है। इलायची पाउडर डाल कर कड़छी से चलायें।
- तैयार बखीर में ऊपर से घी डाल दें। गरमागरम अथवा ठंडी परोसें।

अलसी (तीसी) का लड्डू

सामग्री

500 ग्राम	अलसी
50 ग्राम	मेथी
500 ग्राम	गुड़
150 ग्राम	देशी घी
	मेवा अपनी इच्छा अनुसार, जैसे-काजू, बादाम, नारियल, चिरौंजी, मखाना, छुहारा
100 ग्राम	हल्दी

बनाने की विधि

- अलसी को गैस पर भून लें।
- जब उसमें सोंधी-सोंधी ख़ुशबू आने लगे तब उसको गैस से उतार लें।
- मेथी को भी लाल होने तक भूनें।
- सभी मेवे को छोटे टुकड़ों में काट लें। अलसी और मेथी को अलग-अलग मिक्सी में पीस लें।
- कड़ाही में देशी घी गरम करें। जब घी ख़ूब गरम हो जाये तब उसमें कटे हुए मेवे डालकर भूनें।
- जब मेवा हल्का भुन जाये तब उसमें हल्दी डालकर हल्का भूनें। हल्दी का रंग काला न पड़े।
- अब एक बरतन में पिसी हुई अलसी, मेथी, गुड़ और मेवा डालकर सब मिक्स करें। मिश्रण में गाँठें न रह जाये।
- तैयार मिश्रण का लड्डू बनायें। लड्डू का आकार छोटा और बड़ा अपनी इच्छा अनुसार बनायें।
- अब अलसी का लड्डू तैयार हो गया।
- अलसी का लड्डू बहुत पौष्टिक होता है। अधिकांशतः यह लड्डू जाड़े के दिनों में ही बनाया जाता है।

विशेष : वाल्मीकि रामायण में अलसी के लिए क्षौम शब्द का प्रयोग किया गया है। यह लगभग पूरे भारत में बोई जाती है। इसके बीज एवं तेल का उपयोग चिकित्सा में किया जाता है। इसके कांड से लिनेन तन्तु निकलते हैं जिससे कपड़े बनाये जाते हैं।

पके हुए कद्दू का पाग

सामग्री

2 किलो	पका पीला कद्दू
500 ग्राम	गुड़
एक	मिट्टी का मटका और पत्तल

10-15 व्यक्तियों के लिए पर्याप्त है।

बनाने की विधि

- कद्दू को बड़े-बड़े टुकड़े में काट लें।
- मटके को धोकर साफ़ कर लें। अब मटके के अन्दर 2-3 पत्तल तोड़कर (मोड़) डाल के पेंदी में दबा दें, ऊपर से कटा हुआ कद्दू डालकर सेट कर दें।
- उसके ऊपर गुड़ रखकर किसी मिट्टी के कसोरे से ढँक दें।
- अब लकड़ी का चूल्हा जलाकर, मटके को चूल्हे के ऊपर रख दें। चूल्हे में आग धीमी-धीमी जलती रहे।
- अब मटके को चूल्हे के ऊपर डेढ़-दो घंटे रहने दें।
- जब कद्दू ठंडा हो जाये तब उसको निकालें। अब कद्दू का पाग तैयार हो गया है।
- यह खाने में बहुत स्वादिस्ट होता है। यह व्रत में भी खाया जाता है, साथ ही अत्यधिक पौष्टिक होता है।

वल्लीफलानां प्रवरं कूष्माण्डं वातपत्तिजित् ॥77॥
बस्तिशुद्धिकरं वृष्यम्-

कूष्माण्ड (कोहड़ा) के गुण - लताओं में फलने वाले सभी फलों में कूष्माण्ड उत्तम माना गया है। यह वात तथा पित्त विकार का शमन करता है, बस्ति (मूत्राशय) को शुद्ध करता है और वीर्य को बढ़ाता है॥77॥

(अष्टांगहृदयम् 2014:104)

लप्सी

सामग्री

1 कटोरी	गेहूँ का आटा
सवा कटोरी	देशी घी
सवा कटोरी	चीनी
4 कटोरी	पानी
4-5	हरी इलायची का पाउडर

बनाने की विधि

- चूल्हे को जलाकर कड़ाही चढ़ा दें।
- उसमें घी डाल दें। जब घी गरम हो जाये तब उसमें आटा डालकर खूब लाल होने तक भूनें।
- जब आटा लाल हो जाये तब उसमें चीनी और पानी डालकर लगातार चलायें।
- लप्सी पकने लगे तक उसको लगातार चलाते हुए 3-4 मिनट तक और पकायें।
- लप्सी बनकर तैयार हो गयी।
- अन्त में इलायची पाउडर डालकर मिक्स कर दें।
- सादी पूड़ी अथवा दालभरी पूड़ी को लप्सी के साथ परोसा जाता है।

5-7 व्यक्तियों के लिए पर्याप्त है।

विशेष : अवध के क्षेत्र में नवरात्र के दिनों में देवी के मन्दिर में 'कड़ाही' चढ़ाने की परम्परा है। मन्दिर में कड़ाही चढ़ाने का अर्थ है—मन्दिर परिसर में ही पूड़ी तलकर बचे हुए घी में लप्सी बनाना। लोक मान्यता के अनुसार पूड़ी व लप्सी भोग देवी को अर्पित करना बहुत शुभ होता है।

नून बरिया/मीठी बरिया

सामग्री

200 ग्राम	गेहूँ का आटा
500 ग्राम	तेल या घी (तलने के लिए)
	नमक स्वादानुसार
100 ग्राम चीनी	मीठी बरिया हेतु

बनाने की विधि

- आटा को किसी बरतन में रख लें और उसमें नमक डाल कर पानी की सहायता से गाढ़ा घोल बना लें।
- घोल को 15-20 मिनट तक खूब फेंटें।
- गैस पर कड़ाही चढ़ा दें और गैस को जला दें। कड़ाही में तेल या घी डाल दें।
- जब तेल गरम हो जाये तो उसमें आटे की बरिया (पकौड़ी) बनाकर डाल दें।
- जब बरिया सुनहरा हो जाये तब उसको तेल से निकाल लें। इसी तरह सब बरिया तल लें।
- नून बरिया बनकर तैयार हो गयी।
- नून बरिया को ग्रामीण अंचलों में आम के अचार के साथ परोसा जाता है।

4-5 व्यक्तियों के लिए पर्याप्त है।

विशेष : घोल में नमक के स्थान पर स्वादानुसार चीनी डालकर फेंटें। मीठे घोल से बनी बरिया मीठी-बरिया कहलाती हैं।

कचवनिया का लड्डू

सामग्री

1 किलो	चावल का आटा
600 ग्राम	चीनी (पिसी)
500 ग्राम	देशी घी
	मेवा (50-50 ग्राम काजू, बादाम, चिरौंजी, नारियल छोटे-टुकड़ो मे कटा हुआ)

बनाने की विधि

- कच्चे चावल के लड्डू बनाने के लिए, कच्चे चावल को थोड़े से आटे में (5-7 लड्डू भर) सभी सामग्री थोड़ी-थोड़ी मिलाकर, 5-7 लड्डू बना लें।
- कच्चे आटे के 5-7 लड्डू बनाने के बाद शेष चावल के आटे को सुनहरा भून लें।
- सभी मेवों को घी में भून कर बड़े बर्तन में निकाल कर रख लें।
- बर्तन में चावल का भुना आटा, चीनी और मेवों को अच्छी तरह मिक्स कर लें।
- अब अपने मन-पसन्द आकार के लड्डू बना लें। लड्डू तैयार है।

50 लड्डुओं की सामग्री

विशेष : कचवनिया से तात्पर्य 'चावल के कच्चे आटे' से है। विवाह के दौरान मण्डप में कचवनिया का लड्डू बनाया जाता है। लड्डू बनाते समय वधू के घर की महिलाएं सोहर व विवाह के मंगल गीत गाती हैं। यह अत्यधिक शुभ होता है। इन लड्डू को विदाई के समय वधू के साथ ससुराल भेजा जाता है। कच्चे चावल के आटे से केवल पाँच, सात या ग्यारह लड्डू बनाए जाते हैं। शेष आटे को भूनकर लड्डू बनाया जाता है।

रोटी - पराँठा

मधु वाता ऋतायते मधु क्षरन्ति सिन्धवः।
माध्वीर्नः सन्त्योषधीः।। ऋग्वेद

Any food taken with love and affection gives a sweet taste. Even if you chew a bitter item thinking it to be sweet, that also turns sweet. With hatred in mind, even good food does not give any benefit. If a man takes medicine with fear in mind, that does not yield good result even if it is a 'panacea'.

चूनी की रोटी
(अरहर के दाल के टूटे हुए टुकड़े की रोटी)

सामग्री

100 ग्राम	बारीक़ चूनी
100 ग्राम	आटा
1	बड़ी गाँठ लहसुन (छिला)
4-5	साबुत लाल मिर्च
1/2 चम्मच	जीरा
	नमक स्वादानुसार

बनाने की विधि

- चूनी को ख़ूब साफ़ धोकर आधा घंटा के लिए रख दें।
- लहसुन, जीरा, और मिर्च कूट लें।
- एक बरतन में चूनी, आटा, कूटा हुआ लहसुन, मिर्च, जीरा, नमक डालकर उसको पानी से गूँध लें।
- चूल्हा जलाकर उस पर लोहे का तवा रख दें।
- हाथ में पानी लगा लें। आटे को हाथ में लेकर गोली व थोड़ा मोटी रोटी बनायें। यदि पानी से न बने तो हाथ में सूखा आटा लगाकर रोटी बनायें।
- चूनी की रोटी तवे पर डाल दें। जब रोटी थोड़ी सिंक जाये तब उसको उलट-पलट कर और करारी होने तक सेंकें।
- रोटी तवे से उतार कर चूल्हे में खड़ी कर घुमा-घुमा कर धीमी आँच पर सेंकें।
- इसी तरह सब रोटी सेंक लें। चूनी की रोटी तैयार है। इसको तवे पर घी लगाकर भी सेंका जा सकता है। यह अत्यधिक स्वादिष्ट व पौष्टिक होती है।

5-7 व्यक्तियों के लिए पर्याप्त है।

विशेष: ग्रामीण अंचलों में चूनी की रोटी पर आम के अचार का तेल चुपड़ कर परोसा जाता है।

दालभरी पूड़ी/परांठा

सामग्री

250 ग्राम	चने की दाल
10-12 कली	लहसुन
डेढ़ चम्मच	जीरा
1 चम्मच	हल्दी पाउडर
	हींग स्वादानुसार
350 ग्राम	गेहूँ का आटा
	सरसों का तेल
1 चम्मच	मेथी
5-6	साबुत लाल मिर्च
	नमक स्वादानुसार

15-20 पूरी के लिए पर्याप्त सामग्री

बनाने की विधि

भरावन

- चने की दाल को धोकर साफ़ कर लें। दाल को 1 घंटे के लिए भिगो दें।
- गैस को जला दें। कुकर में 2 बड़े चम्मच तेल डाल दें। तेल गरम हो जाये तो उसमें मेथी और साबुत लाल खड़ा मिर्च डाल दें।
- जब तड़का लाल हो जाये तो उसमें हल्दी और दाल डाल दें। दाल को पकने के लिए 500 ग्राम पानी डाल दें। नमक स्वादानुसार थोड़ा ज़्यादा डालें क्योंकि आटे में नमक नहीं रहेगा। प्रेशर कुकर बन्द कर दें।
- जब कुकर में सीटी आ जाये तो गैस को कम कर दें। अब 10 मिनट तक कुकर को गैस पर रहने दें। गैस को बन्द कर दें।
- कुकर से गैस निकल जाये तब दाल को किसी बरतन में निकाल लें।
- दाल को सिलबट्टे पर पीस लें। दाल के साथ जीरा, लहसुन और हींग भी पीस लें। दाल पूड़ी का भरावन तैयार हो गया है।
- एक बरतन में आटा ले उसको खूब मुलायम गूँध लें।
- आटे की लोई बनाकर उसको थोड़ा गहरा करके उसमें दाल का भरावन भर कर मुँह बन्द कर अब चकले पर बेल लें।
- गैस जलाकर गैस पर तवा रख दें।
- उस पर पूड़ी को डाल दें। पूड़ी को पलटकर एक चम्मच की सहायता से तेल दोनों तरफ़ लगा दें जब पूड़ी में सुनहरे रंग की चित्तियाँ पड़ जायें तब उसको उतार लें।
- इसी प्रकार सब पूड़ी सेंक लें। अब दालभरी पूड़ी तैयार हो गयी।
- दालभरी को कड़ाही में तल कर भी बनाया जा सकता है।
- (यह मटर की दाल में भी बनायी जाती है।)

विशेष:

1. नवविवाहिता, बहू-बेटी के मायके व ससुराल आगमन पर दाल की पूड़ी, बनाना शगुन होता है। दालपूड़ी को रसियाव या लप्सी के साथ परोसा जाता है। दालभरी पूड़ी व रसियाव में गेहूँ, चना, गन्ना, धान जैसी फ़सलों का उपयोग किया जाता है। इनमें गेहूँ और चना रबी की फ़सल है, गन्ना खरीफ की फ़सल है तथा धान जायद की फ़सल है। इसमें वर्ष के तीनों ऋतुओं की फ़सलें एक साथ समाहित हैं और मीठा शुभ का प्रतीक है। इस प्रकार इसमें शुभ, सम्पूर्णता: और आत्मसात हो जाने का भाव निहित रहता है। साथ ही यह सभी प्रकार के पोषक तत्वों से परिपूर्ण होता है।

2. पूर्वांचल में गंगादशहरा के दिन दलभरी पूड़ी बनाना शुभ सूचक होता है।

हरे मटर की पूड़ी

सामग्री

250 ग्राम	हरा मटर का दाना
300 ग्राम	गेहूँ का आटा
2	पेड़ हरा पत्तेदार लहसुन
100 ग्राम	हरा धनिया
5-6	हरी मिर्च
	सरसों का तेल

5-7 व्यक्तियों के लिए पर्याप्त है।

बनाने की विधि

भरावन

- मटर के दानों को धो लें। एक कड़ाही गैस पर चढ़ा दें। गैस को जला दें।
- कड़ाही में 2 बड़े चम्मच तेल डाल दें जब तेल गरम हो जाये तब उसमें मटर के दाने डाल दें अब उसमें नमक डाल दें, नमक स्वाद से थोड़ा ज़्यादा होना चाहिए। मटर को ढँक दें।
- गैस को धीमा करके 7-8 मिनट मटर को पकने दें। कड़ाही से मटर निकाल लें। मटर ठंडी हो जाये तो उसे सिलबट्टे पर पीस लें।
- उसमें हरा लहसुन, हरी मिर्च, हरा धनिया भी काट कर पीस लें।
- सब एक साथ मिक्स कर लें। हरे मटर का भरावन तैयार है।

पराँठा

- एक बरतन में आटा लेकर गूँध लें। आटा मुलायम होना चाहिए। एक चकले पर आटे की लोई बना लें।
- उसमें गहरा करके उसमें भरावन रख कर भर दें। भरावन वाली लोई को चकले पर गोल-गोल बेल दें।
- गैस पर तवा रखें। गैस को जला दें।
- उस पर पूड़ी को डाल दें। पूड़ी को उलट-पलट कर उसमें तेल लगा दें। सुनहरी चित्ती पड़ने तक उसको सेंकें। इसी प्रकार सब पूड़ी सेंक लें। अब मटर की पूड़ी तैयार हो गयी।
- मटर की पूड़ी को हरी चटनी अथवा आलू-टमाटर की सब्ज़ी के साथ परोसें।
- हरे मटर की पूड़ी को तेल में तलकर भी बनाया जाता है। इच्छानुसार पराँठे की तरह सेंकें अथवा पूड़ी की तरह तलकर तैयार करें व गरमागरम परोसें।

अलसी की नमकीन बेरहिन

सामग्री

250 ग्राम	अलसी
250 ग्राम	आटा
12-15 कली	लहसुन
3-4	हरी या लाल मिर्च
	घी
	नमक स्वादानुसार

5-7 व्यक्तियों के लिए पर्याप्त है।

बनाने की विधि

भरावन

- गैस पर कड़ाही चढ़ा दें। अलसी को कड़ाही में डाल कर भूनें।
- जब अलसी भुन जायेगी तो उसमें से सोंधी-सोंधी खूशबू आने लगेगी।
- अब अलसी को मिक्सी में पीस लें। अलग से लहसुन, मिर्च भी पीस लें।
- एक बरतन में पिसी हुई अलसी ले लें। उसमें लहसुन, मिर्च और नमक मिक्स कर लें।
- एक बरतन में आटा गूँध लें। आटा थोड़ा मुलायम गूँधा हो। गूँधे हुए आटे की लोई बनाकर उसमें अलसी भरावन भर कर मुहँ बन्द कर दें।
- चकले पर बेल कर उसकी रोटी बनाकर सेंक लें। घी लगाकर उसका पराँठा भी बना सकते हैं। बेरहीन को छोटा-बड़ा आकार में अपने इच्छाअनुसार बना सकते हैं।
- अलसी की बेरहिन सामान्यतः सर्दियों में बनाई जाती है।

अलसी की मीठी बेरहिन

सामग्री

250 ग्राम	अलसी
150 ग्राम	गुड़
250 ग्राम	आटा
	घी (सेकनें के लिए)

5-7 व्यक्तियों के लिए पर्याप्त है।

बनाने की विधि

भरावन

- गैस पर कड़ाही चढ़ा दें। कड़ाही में अलसी डालकर भूनें।
- जब अलसी से सोंधी-सोंधी खूशबू आने लगे तब उसको उतार लें। ठंडा हो जाने पर अलसी और गुड़ का मिक्सी में बारीक़ मिश्रण तैयार कर लें। अलसी का भरावन तैयार हो जायेगा।
- आटे को गूँध लें। गूँधे थे हुए आटे की लोई बना लें। लोई हाथ में लेकर थोड़ा गहरी कर लें। गहरी हुई लोई में भरावन रख कर मुहँ बन्द कर दें।
- अब चकले पर गोल बेल लें। अलसी के भरावन को भर कर रोटी की तरह बेल लें। बेली हुई रोटी तवे पर डाल कर दोनों ओर से सेंक लें।
- उसमें घी लगाकर उसका पराँठा भी बना सकते हैं। मीठी बेरहिन तैयार हो गयी। बेरहिन को छोटा बड़ा अपनी इच्छा अनुसार बेला जा सकता है।

बाजरे की रोटी

सामग्री

बाजरे का आटा
घी

बनाने की विधि

- बाजरे को अच्छी तरह से धोकर सुखा लें। अब उसको जाँत (चकरी) में पीस लें और छलनी से छानकर एक बरतन में निकाल लें। बाजरे का आटा तैयार हो जायेगा।
- आटा गरम पानी से मुलायम गूँध लें।
- अब गैस अथवा चूल्हा जलाकर तवा रख दें। तवा गरम हो जाये तब बाजरे के आटे की लोई हाथ में लेकर पानी की सहायता से हाथ की रोटी बनाकर तवे पर डाल दें (हाथ में सूखा आटा लगाकर भी रोटी बना सकते हैं)।
- तवे पर रोटी उलट-पलट कर सेंक लें। अब तवे से रोटी उतार कर चूल्हे में धूमा-धूमा कर सेंकें।
- जब रोटी में लाल-लाल चित्ती पड़ जाये तब समझें रोटी सिंक गयीं, इसी तरह सब रोटी सेंक लें।
- अब बाजरे की रोटी बनकर तैयार हो गयी। रोटी में अच्छी तरह घी लगा दें।

विशेष - बाजरे की रोटी सर्दियों में खाई जाती है। बाजरे की रोटी के साथ आलू-गोभी की रसेदार सब्ज़ी, निमोना, भर्ता इत्यादि स्वादिष्ट लगता है। बाजरे की रोटी के साथ गुड़ और घी अनिवार्यतः परोसा जाता है।

दोहथी या रोट

सामग्री

250 ग्राम	गेहूँ का आटा
पानी	आटा गूंथने के लिए
घी	सेंकने हेतु

बनाने की विधि

- गेहूं के आटे को पानी की सहायता से मुलायम गूंथ लें।
- गूंथे हुए आटे को गीले कपडे से एक घण्टे के लिए ढक कर रख दें।
- एक घण्टे बाद आटे की छोटी-छोटी लोइयाँ (पेड़े) बना लें।
- लगभग 12 पेड़े 250 ग्राम आटे से बन जाएगें।
- प्रत्येक पेड़े को बेलन की सहायता से पूड़ी के बराबर बेल लें।
- चकले पर एक पूड़ी रखकर पूडी पर बराबर से घी लगा दें।
- घी लगी पूड़ी पर एक और पूड़ी रखकर अच्छी तरह चिपका दें। अब दोनो पूड़ियों को चारो तरफ से दबा दें।
- जुडी हुयी पुड़ियों पर परथन लगा कर पतली रोटी की तरह बेल लें।
- गैस पर तवा चढ़ा दें।
- तवा गर्म होने पर बेली हुई दोहथी को तवे पर डाल दें।
- दोहथी को दोनों तरफ जल्दी-जल्दी उलट-पलट कर घी लगाकर सेक लें। इस बात का ध्यान रहे कि ऑच तेज हो। हल्की आँच पर दोहथी कड़ी हो जाएगी।
- इस प्रकार सेकें कि दोहथी पर सुनहरे रंग की चित्तियाँ चारों तरफ पड़ जाए।
- सिंकी दोहथी को तवे से उतार कर चिमटे की सहायता से किसी थाली पर थपथपा दे। थपथपाने से दोहथी बीच से खुल जाएगी।
- इसी प्रकार सभी दोहथी सेक लें।
- 12 लोई (पेड़े) की सहायता से कुल 6 दोहथी तैयार हो जायेगी।
- यह अत्यधिक मुलायम होती है। आचार, चटनी, सब्जी या खीर के साथ परोसें।

6 नग दोहथी के लिए पर्याप्त है।

विशेष:

अवध के ग्रामीण अंचलों में कुछ जगहो पर आटे में थोड़ा चीनी मिलाकर 'मीठी दोहथी' भी बनाई जाती है जिसे रोट कहते है। श्रावण मास में पड़ने वाले मंगल को हनुमान जी के प्रसाद के रूप में 'रोट' और 'लड्डू' चढ़ाया जाता है।

बेड़ई

सामग्री

1 कटोरी	धुली उड़द की दाल
1 चम्मच	जीरा
1 चम्मच	सौंफ
1 चम्मच	खड़ी धनिया
5-6	सूखी साबुत लाल मिर्च
1 चम्मच	काली मिर्च
1 चौथाई	चम्मच हींग
2	बड़ी इलायची
250 ग्राम	गेहूँ का आटा
	नमक स्वादानुसार

5-7 व्यक्तियों के लिए पर्याप्त है।

बनाने की विधि

- उड़द की दाल को धोकर 3-4 घंटे के लिए पानी में भिगो दें। जब दाल फूल जाये तब उसको छनने से छान दें।
- सिलबट्टे पर सभी मसालों को सूखा व दरदरा पीस लें।
- उड़द की दाल को भी दरदरा पीस लें। दाल एकदम सूखी रहे उसमें पानी बिल्कुल न रहे।
- अब दाल की पीठी, मसाला, नमक, हींग, एक साथ किसी बरतन में मिला लें।
- एक बरतन में गेहूँ का आटा गूँध लें। आटा थोड़ा मुलायम रहे।
- चूल्हे को जला कर तवा चढ़ा दें। चकले पर आटे की लोई लें और लोई थोड़ी गहरी कटोरी के आकार का बना लें। उसमें आटे के लोई के बराबर की पीठी भर दें और मुँह बन्द कर दें। उसको चकले बेलन से बेलकर बड़ी कर लें तवे पर डाल दें।
- जब बेड़ई एक तरफ़ हल्की सिंक जाये तब उसको पलट दें, जब दूसरी तरफ़ भी सिंक जाये तब उसको तवे से उतार लें और चूल्हे की आग में उसको धीरे-धीरे सेंकें। जब बेड़ई फूल जाये और उसमें चित्ती पड़ जाये तब उसको चूल्हे से निकाल लें इसी तरह सब बेड़ई सेंक लें।
- बेड़ई लप्सी और उबले हुए आलू-टमाटर की सब्ज़ी से खाने में बहुत स्वादिष्ट लगती है।

शकरकन्दी की पूरी (पूड़ी)

सामग्री

250 ग्राम	शकरकन्दी
200 ग्राम	गेहूँ का आटा
50 ग्राम	चीनी (पिसी)
500 ग्राम	घी या तेल

5-7 व्यक्तियों के लिए पर्याप्त है।

बनाने की विधि

- शकरकन्दी को किसी पतीले या भगोने में आधा लीटर पानी के साथ गैस पर पकने के लिए रख दें। जब शकरकन्दी पक जाये तब उसे गैस से उतार लें और पानी से अलग कर लें।
- अब शकरकन्दी का छिलका उतारकर उसे कद्दूकस कर लें।
- कद्दूकस किये हुए शकरकन्दी में आटा और चीनी मिला कर उसको गूँध लें। इसमें चीनी और आटा अपनी इच्छा अनुसार कम और ज़्यादा भी कर सकते हैं।
- अब गैस पर कड़ाही चढ़ा दें और गैस को जला दें। कड़ाही में घी या तेल डाल दें जब घी गरम हो जाये तब उसमें गोल-गोल पूड़ी तल कर निकाल लें।
- शकरकन्दी की पूड़ी बनकर तैयार हो गयी।

मक्के की रोटी

सामग्री

250 ग्राम	मक्के का आटा
	गरम पानी

4-5 मध्यम आकार की रोटियों हेतु

बनाने की विधि

- अच्छी तरह से सूखे हुए मक्के के दानों को साफ़ करके भार में या कड़ाही में हल्का भुन लें। भुने मक्के के दानों को पिसवा लें। आटे को छलनी से छान लें। एक थाली में आटा लेकर थोड़ा-थोड़ा गरम पानी डालकर आटे को ख़ूब मलें। जब आटा एकदम चिकना हो जाये तब पानी की सहायता से हाथ से आटे की लोई बना लें।
- तैयार लोई से हल्के हाथों से धीरे-धीरे रोटी बना लें। चूल्हे पर तवा चढ़ा दें। जब तवा गरम हो जाये तब उस पर रोटी डाल दें। रोटी एक तरफ़ से हल्की सिंक जाये तब उसको पलट दें। दूसरी तरफ़ भी रोटी सिंक जाये तब उसको चूल्हे की आग पर घुमा-घुमा कर सेंकें। जब रोटी फूल जाये और उसमें सब तरफ़ से लाल-लाल चित्तियाँ पड़ जायें तब समझें कि मक्के की रोटी अच्छी तरह से सिंक गयी है।
- मक्के की रोटी आटा लगाकर चकले बेलन की सहायता से भी बनाई जाती है।
- यह सर्दियों के मौसम में बनाई जाती है। मक्के की रोटी गुड़-घी और आलू-गोभी-मटर की रसेदार सब्ज़ी से खाने में बहुत स्वादिष्ट लगती है।

अचार

मधु वाता ऋतायते मधु क्षरन्ति सिन्धवः।
माध्वीर्नः सन्त्योषधीः।। ऋग्वेद

Any food taken with love and affection gives a sweet taste. Even if you chew a bitter item thinking it to be sweet, that also turns sweet. With hatred in mind, even good food does not give any benefit. If a man takes medicine with fear in mind, that does not yield good result even if it is a 'panacea'.

हरा लहसुन और मिर्च की कुटनी

सामग्री

100 ग्राम	मिर्च (हरा)
100 ग्राम	हरा लहसुन (पत्तीदार)
50 ग्राम	अमचूर पाउडर
100 ग्राम	सरसों का तेल
50 ग्राम	नमक

बनाने की विधि

- हरा लहसुन और हरा मिर्च को धोकर साफ़ कर लें। किसी कपड़े से उसका पानी सुखा लें।
- मिर्च व लहसुन को छोटे-छोटे टुकड़े में काट कर इमामदस्ते में मोटा-मोटा कूट लें।
- अब एक बरतन में मिर्ची, लहसुन, नमक, खटाई पाउडर व तेल को एक साथ मिक्स कर लें।
- मिश्रण को 2 दिन धूप में रख दें। यह तुरन्त खाने लायक तैयार हो जाता है।
- इसे बनाने के बाद एक हफ्ते तक ही प्रयोग में लायें। यह कुटनी जाड़े में बनती है। यह गोभी, मूली के पराँठें या हरे मटर की घुघुरी के साथ बहुत स्वादिष्ट लगती है।

गुरम्मा

सामग्री

250 ग्राम	कच्चा आम
200 ग्राम	गुड़
1 चम्मच	हल्दी
50 ग्राम	सरसों का तेल
1 चम्मच	पंचफोरन
3 चम्मच	आटा
	नमक स्वादानुसार
4 कप	पानी

बनाने की विधि

- आम को धोकर छोटे-छोटे टुकड़ों में काट लें।
- कड़ाही गैस पर चढ़ा दें। गैस को जला दें।
- कड़ाही में आटा डालकर सुनहरा होने तक भून लें। अब आटे को कड़ाही से बाहर किसी बरतन में निकाल लें।
- कड़ाही में तेल डाल दें। तेल गरम हो जाये तब उसमें पंचफोरन डाल दें।
- जब पंचफोरन लाल हो जाये तब उसमें आम और हल्दी डालकर भूनें।
- आम को 3-4 मिनट तक भून लें।
- भुने हुए आटे का घोल पानी में बना लें। घोल को कड़ाही में डाल दें (पानी क़रीब 700 ग्राम रहे)।
- कड़ाही में गुड़ और नमक भी डाल दें।
- जब गुरम्मा पकने लगे तो गैस धीमा कर दें और दस मिनट तक पकने दें। गुरम्मा का रसा पतली लप्सी जैसा दिखने लगे और उसमें चमक दिखाई देने लगे तब कड़ाही को गैस से उतार लें।
- गुरम्मा तैयार हो गया। इसको लोग दालभरी पूड़ी के साथ बहुत पसन्द करते हैं।

दाल की खटाई (अमहर)

सामग्री

1 किलो	आम की खटाई (सूखी फाँक)
300 ग्राम	पिसी हल्दी
400 ग्राम	नमक
100 ग्राम	मेथी
150 ग्राम	सौंफ
25 ग्राम	मंगरैल (कलौजी)
	हींग
400 ग्राम	नमक
500 ग्राम	लहसुन (छिला हुआ)
500 ग्राम	सरसों का तेल

बनाने की विधि

- कच्चे गूदेदार देशी आम को छीलकर दो भाग में काट लें। उसके बाद उसको धूप में फैला दें। जब तक आम की फाँक खूब सूख न जाये तब तक उसे प्रतिदिन धूप में सुखाते रहें। सूखने के बाद आम की फाँकों (खटाई) को रख दें।
- जब कभी अमहर बनाना हो तो उसे पानी में धोकर फिर से धूप में सुखा लें। उसके बाद आम के फाँक के अन्दर की पपड़ी को छुड़ा दें।
- मेथी और मंगरैल एक साथ कड़ाही में थोड़ा भून लें।
- उसके बाद उसमें सौंफ डालकर भून लें, सौंफ अधिक नहीं भूननी चाहिए।
- सवा लीटर पानी उबलने के लिए रख दें। जब पानी जलकर आधा हो जाये तब तक उसे पकायें।
- 100 ग्राम पिसी लाल मिर्च, 500 ग्राम छिला लहसुन, मेथी, मंगरैल, सौंफ और हींग को एक साथ मिक्सी में पीस लें।
- हींग की मात्रा थोड़ा ज़्यादा होना चाहिए।
- लहसुन को भी पीस लें।
- एक बड़े बरतन में पका हुआ पानी, सभी मसाले, लहसुन, सरसों का तेल, एक साथ डालकर मिक्स कर लें।
- उसके बाद आम के फाँक को थोड़ा-थोड़ा डालकर मिलाते जायें।
- साथ ही साथ तैयार मसाले को आम की फाँक के अन्दर भर दें।
- मिलाने के बाद किसी डिब्बे या बरनी में भरकर 2-3 दिन धूप में रखें। अब अमहर तैयार हो गयी है। यह वर्ष भर रखा जा सकता है।
- अरहर या केवटी की दाल में अमहर डालकर पकाया जाता है।

सावधानी - बारिश के मौसम में अमहर बनाने से बचना चाहिए।

आम का अचार

सामग्री

5 किलो	कच्चा आम (देशी गूदेदार)
100 ग्राम	मेथी
50 ग्राम	मंगरैल (कलौजी)
100 ग्राम	सौंफ
100 ग्राम	सरसों
150 ग्राम	पिसी हल्दी
250 ग्राम	पिसी लाल मिर्च
300 ग्राम	नमक
	हींग
500 ग्राम	सरसों का तेल

बनाने की विधि

- आम को धोकर साफ़ कर लें।
- आम को काटकर छोटे-छोटे टुकड़ों में कर लें।
- उसमें से गुठली निकाल लें। कटे आम को दो-तीन घंटे के लिए धूप में डाल दें, ताकि उसका पानी थोड़ा सूख जाये।
- कड़ाही में मेथी को भून लें, सौंफ को हल्का भूनें, मंगरैल को भी भून लें।
- अब मेथी, सौंफ और सरसों को पीस लें, मंगरैल को खड़ा ही रहने दें।
- एक चौड़े बरतन में (जैसे परात) कटे हुए आम को डाल दें।
- उसी में सब मसाले (मेथी, मंगरैल, सौंफ, सरसों, नमक, हल्दी, मिर्च, हींग) और तेल डालकर सब अच्छी तरह मिक्स कर लें।
- उसके बाद बरनी में भरकर तीन-चार दिन तक धूप में रखें।
- 10-12 दिन बाद आम का अचार प्रयोग के लिए तैयार हो जायेगा। यह अचार वर्ष भर रखा जा सकता है।

आम का हींग वाला अचार

सामग्री

1 किलो	कच्चा आम (देशी गूदेदार)
200 ग्राम	नमक
150 ग्राम	पिसी लाल मिर्च
	हींग स्वादानुसार

बनाने की विधि

- आम को धोकर सूखे कपड़े से पोंछ लें।
- आम को छीलकर उसके गूदे को छोटे-छोटे टुकड़ों में काट लें।
- कटे हुए आम के गूदे के टुकड़ों को चौड़े मुँह वाले एक बरतन में रखें।
- उसमें मिर्च, नमक, और हींग को डालकर मिला दें।
- सब मिक्स करके एक बरनी में रख दें। 10 दिन तक तैयार अचार को धूप में रखें।
- यदि अचार ज़्यादा सूखा लगता हो तो थोड़ा-सा सिरका डाल दें। हींग का अचार तैयार है।
- यह अचार वर्ष भर प्रयोग में लाया जा सकता है।

आम के लच्छे वाला मीठा अचार

सामग्री

1 किलो	कच्चा देशी आम गूदेदार
600 ग्राम	चीनी
50 ग्राम	नमक
25 ग्राम	पिसी लाल मिर्च

बनाने की विधि

- आम को छीलकर कद्दूकस कर लें।
- उसको एक बरतन में रख लें।
- उसी में चीनी नमक, मिर्च को डालकर मिक्स कर लें।
- मिश्रण को एक बरनी में भरकर रख दें।
- अचार को कम-से-कम 15-20 दिन तक धूप में रखें तब प्रयोग में लायें।
- इस अचार का प्रयोग 2 से 3 महीने के भीतर कर लें।

आम का मीठा अचार

सामग्री

1 किलो	आम (कच्चा गूदेदार)
1 छोटा चम्मच	मेथी
1 छोटा चम्मच	मंगरैल
1 छोटा चम्मच	सौंफ
1 बड़ा चम्मच	हल्दी
2 बड़ा चम्मच	मिर्च पाउडर
50 ग्राम	सरसों का तेल
50 ग्राम	नमक
400 ग्राम	गुड़ और हींग

बनाने की विधि

- आम को छीलकर छोटे-छोटे फाँक काट लें।
- एक कड़ाही में गैस पर तेल चढ़ा दें।
- जब तेल गरम हो जाये तो उसमें मेथी, मंगरैल, सौंफ और हींग का तड़का डाल दें।
- जब तड़का चटकने लगे तब उसमें आम डाल कर भूनें।
- अब उसमें हल्दी, मिर्च, नमक डालकर थोड़ा-सा भूनें, और उसमें गुड़ और 400 ग्राम पानी डालकर तब तक पकने दें, जब तक उसका रसा हल्का गाढ़ा होकर कलछी में लिपटने लगे।
- अब अचार को गैस से उतार लें।
- जब अचार ठंडा हो जाये तो एक बरनी में भर कर प्रयोग में लायें।
- यह अचार एक सप्ताह तक ही प्रयोग में लाया जा सकता है।

विशेष - ग्रामीण अंचलों में इस अचार को 'अड़क्का' व 'गलका' भी कहा जाता है।

नीबू का अचार

	सामग्री
1 किलो	नीबू
30 ग्राम	अजवाइन
20 ग्राम	मेथी
1 बड़ा चम्मच	मिर्च पाउडर
1 चम्मच	हल्दी पाउडर
150 ग्राम	काला नमक
100 ग्राम	सादा नमक
	हींग स्वादानुसार
250 ग्राम	नीबू (ऊपर से रस डालने के लिए)
50 ग्राम	सरसों का तेल

बनाने की विधि

- 1 किलो नीबू को धोकर सुखाकर चार फाँक में काट लें।
- 250 ग्राम नीबू का रस निकालकर अलग कर रख लें।
- मेथी और अजवाइन भूनकर पीस लें।
- कटे हुए नीबू को किसी बरतन में रख लें।
- उसी में सभी मसालों को डाल दें।
- हींग पाउडर करके डाल दें।
- सरसों का तेल और नीबू का रस डालकर सब मिक्स करके किसी बरनी में रखकर उसे धूप में 10-15 दिनों के लिए रख दें।
- 10-15 दिन बाद अचार को प्रयोग में लायें।
- यह अचार वर्ष भर प्रयोग किया जा सकता है।

नीबू का मीठा अचार

सामग्री

1 किलो	नीबू
400 ग्राम	चीनी
100 ग्राम	काला नमक
100 ग्राम	सादा नमक

बनाने की विधि

- नीबू को चार फाँक में काट दें।
- नीबू को किसी बरतन में रख कर उसमें सादा नमक, काला नमक और चीनी डालकर मिश्रण कर लें।
- मिश्रण को एक बरनी में भरकर धूप में रख दें।
- धूप में क़रीब एक महीने तक रखें।
- अब अचार तैयार है।
- यह अचार वर्ष भर प्रयोग में लाया जा सकता है।

लाल मिर्च का भरवाँ अचार

सामग्री

1 किलो	लाल मिर्च अचार वाला
30 ग्राम	मेथी
25 ग्राम	मंगरैल (कलौंजी)
50 ग्राम	सौंफ
50 ग्राम	सरसों
50 ग्राम	पिसी हल्दी
100 ग्राम	पिसी लाल मिर्च
	हींग स्वादानुसार
100 ग्राम	सरसों का तेल
150 ग्राम	अमचूर पाउडर
100 ग्राम	नमक

बनाने की विधि

- मिर्च को धूप में डाल दें।
- जब मिर्च थोड़ा मुलायम पड़ जाये तब उसकी डन्डी को निकालकर अलग कर दें।
- दोनों हथेलियों के बीच में रखकर एक-एक मिर्च हल्के हाथ से मलें और उसका बीज झाड़ कर अलग कर लें।
- अब मेथी और मंगरैल को भून लें, सौंफ को हल्का भूनें।
- सभी खड़े मसालों को पीस लें।
- एक बरतन में निकले हुए मिर्च के बीज व सभी मसाले व हींग एक साथ मिक्स कर लें।
- मिश्रित मसालों में थोड़ा सरसों का तेल डालकर सब अच्छी तरह मिक्स कर लें।
- एक-एक मिर्च को हाथ में लेकर टूथपिक व उँगलियों की सहायता से दबा-दबा कर मसाले को मिर्च में भरें।
- उसके बाद किसी बरनी में भरकर धूप में रखें।
- तीन, चार दिन बाद बरनी में सरसों का तेल डाल दें।
- तेल इतना हो कि अचार तेल में डूब जाये। तेल डालने के बाद तीन-चार दिन धूप में और रखें।
- अचार तैयार है।
- यह अचार वर्ष भर रखा जा सकता है।

कच्चे आँवले का अचार

सामग्री

1 किलो	आँवला
50 ग्राम	सरसों
250 ग्राम	सरसो का तेल
25 ग्राम	लाल मिर्च पाउडर
25 ग्राम	हल्दी पाउडर
50 ग्राम	नमक
1/4 चम्मच	हींग
100 ग्राम	हरा मिर्च (दो टुकड़े में)
10	कली लहसुन (पिसा हुआ)

बनाने की विधि

- भगोना में पानी लेकर आँवले को धोलें, उसके बाद उसका पानी किसी साफ़ कपड़े से पोंछ लें।
- आँवले को चारों तरफ से काट कर उसका बीज अलग कर दें।
- एक थाली में आँवले का गूदा रख लें।
- हरा मिर्च को दो टुकड़े में काट लें।
- सरसो का पाउडर बना लें।
- अब आँवले के गूदे में हरा मिर्च, लहसुन, लाल मिर्च पाउडर, हल्दी पाउडर, सरसो का पाउडर, नमक, हींग और सरसो का तेल डाल कर एक कलछी से चला दें।
- जब आँवले का अचार अच्छे से मिक्स हो जाय तब उसे एक बरनी में भर कर 10-15 दिन धूप में रख दें।
- यह अचार एक साल तक खाया जा सकता है। यह अचार स्वास्थ्य के लिए बहुत लाभदायक होता है, और स्वादिष्ट भी भरपूर होता है।

आँवले का अचार

सामग्री

1 किलो	आँवला
25 ग्राम	सरसों
30 ग्राम	लहसुन
30 ग्राम	नमक
2 बड़ा चम्मच	हल्दी पाउडर
2 बड़ा चम्मच	मिर्च पाउडर
	हींग स्वादानुसार
100 ग्राम	सरसों का तेल

बनाने की विधि

- आँवले को धोकर थोड़े-से पानी में उबाल लें। आँवला सावधानी से उबालें। यह बहुत गलना नहीं चाहिए। आँवला इतना उबला हो कि बीज अलग हो जाये।
- किसी बरतन में बीज निकालकर आँवला रख लें।
- सरसों और लहसुन को पीस लें।
- आँवले में सरसों, लहसुन, हींग, मिर्च, हल्दी, नमक और तेल डालकर मिक्स कर लें।
- आँवला व मसालों के मिश्रण को किसी बरनी में रख कर धूप में दो-दिन तक रख दें। अचार तैयार है।
- आँवले का यह अचार एक सप्ताह तक ही खाया जाता है।
- इसी तरह कच्चे आँवले का गूदा निकालकर भी उपर्युक्त विधि से आँवले का अचार बनाया जाता है। कच्चे आँवले का अचार वर्ष भर खाया जाता है।

सूरन का अचार

सामग्री

1 किलो	सूरन
1 बड़ा चम्मच	मेथी
1 बड़ा चम्मच	मंगरैल (कलौज़ी)
1 बड़ा चम्मच	सौंफ
	हींग स्वादानुसार
100 ग्राम	लहसुन
100 ग्राम	अमचूर पाउडर
2 चम्मच	पिसी मिर्च
2 चम्मच	हल्दी पिसी
250 ग्राम	सरसों का तेल
50 ग्राम	नमक

बनाने की विधि

- सूरन को धोकर कद्दूकस कर लें। सूरन को कद्दूकस करते समय हाथ में दस्ताने लगा लें नहीं तो हाथ खुजली करेगा।
- कद्दूकस किए हुए सूरन को धूप में 2-3 घंटे के लिए डाल दें।
- लहसुन को छील लें।
- मेथी, मंगरैल, सौंफ को भूनकर सब पीस लें।
- लहसुन भी पीस लें।
- सूरन एक बरतन में रख लें। उसमें सभी मसाले व नमक, तेल, अमचूर व हींग डालकर मिक्स कर लें।
- मिश्रण को एक बरनी में भरकर सरसों का तेल डालकर धूप में 8-10 दिन रख दें।
- सूरन का अचार तैयार है।
- यह अचार अधिकतम सर्दियों में बनाया जाता है।

सिरके वाला आम का मीठा छीकुला वाला अचार

सामग्री

डेढ़ किलो	(देशी) कच्चा आम
500 ग्राम	सिरका (गन्ने का)
1 बड़ा चम्मच	मेथी
एक बड़ा चम्मच	मंगरैल
1 बड़ा चम्मच	सौंफ
2 चम्मच	हल्दी पिसी
2 चम्मच	पिसी मिर्च
50 ग्राम	नमक
500 ग्राम	गुड़
100 ग्राम	सरसों का तेल
	हींग स्वादानुसार

बनाने की विधि

- आम को धोकर छील लें।
- छीले हुए आम के पतले-पतले छिलके जैसा काट कर सब गूदा निकाल लें।
- 1 घंटे के लिए उसको धूप में डाल दें।
- मेथी, मंगरैल और सौंफ को भूनकर पीस लें।
- एक बरतन में आम, सब पिसे मसाले, हींग, तेल व सिरका और गुड़ डालकर मिक्स कर लें।
- उसके बाद एक बरनी में भरकर 4-5 दिन धूप में रख दें।
- अचार तैयार है।
- यह अचार वर्ष भर प्रयोग किया जा सकता है।

सिरके वाला आम का नमकीन छीकुला वाला अचार

सामग्री

डेढ़ किलो	(देशी) कच्चा आम
500 ग्राम	सिरका (गन्ने का)
100 ग्राम	नमक
1 बड़ा चम्मच	मेथी
1 बड़ा चम्मच	मंगरैल
1 बड़ा चम्मच	सौंफ
50 ग्राम	पिसी मिर्च
2 बड़े चम्मच	हल्दी
100 ग्राम	तेल और हींग स्वादानुसार

बनाने की विधि

- आम को अच्छी तरह धोकर साफ़ कर लें। उसके बाद आम को छील लें।
- छीलने के बाद आम को पतले-पतले छिलके जैसा काट लें।
- अब एक घंटे के लिए धूप में डाल दें।
- मेथी और सौंफ को एक कड़ाही में भून लें।
- मंगरैल को अलग से भून लें।
- सौंफ और मेथी को पीस लें।
- मंगरैल को न पीसें।
- एक बरतन में आम का छीकुला, सिरका, सभी मसाले, तेल, नमक और हींग डालकर मिक्स कर लें।
- उसके बाद मिश्रण को एक बरनी में भरकर धूप में 4-5 दिन के लिए रख दीजिए।
- अचार प्रयोग के लिए तैयार है।
- यह अचार भी वर्ष भर प्रयोग में लाया जा सकता है।

सिरके का अचार

सामग्री

2 किलो	सिरके का रस
100 ग्राम	आम के सूखे फाँक
1 बड़ा चम्मच	मेथी
1 बड़ा चम्मच	मंगरैल (कलौंज़ी)
1 बड़ा चम्मच	सौंफ
50 ग्राम	खड़ी लाल मिर्च, (साबुत)
1 बड़ा चम्मच	हल्दी पिसी
1 बड़ा चम्मच	पिसी लाल मिर्च
50 ग्राम	नमक
200 ग्राम	गुड़
आधा किलो	कटहल रेशे वाला
100 ग्राम	लहसुन (छिला हुआ)
	हींग स्वादानुसार

बनाने की विधि

- सिरके के रस को एक कड़ाही में डाल कर गैस पर चढ़ा दें।
- उसमें गुड़ डाल दें जब रस उबलने लगे तो उसमें ऊपर मही (गन्दगी) आ जायेगी।
- गन्दगी को किसी छनने से छान कर अलग कर लें और रस को थोड़ी देर और उबलने दें (लगभग 10 मिनट तक)। अब गैस बन्द कर दें।
- कटहल को छीलकर काट लें फिर उसको धोकर सुखा लें। आम के फाँक को भी धोकर सुखा लें।
- अब एक कड़ाही में गैस पर तेल चढ़ा दें। जब तेल गरम हो जाये तब उसमें मेथी, मंगरैल, सौंफ, साबुत लाल मिर्च, लहसुन और हींग डाल दें।
- जब मसाला लाल हो जाये तब उसमें कटहल, आम की फाँक डालकर 15 मिनट तक भूनें।
- उसमें पिसी मिर्च व हल्दी डालकर 2 मिनट भूनें। तैयार मसाले को पके हुए सिरके के रस में डालकर पकायें।
- अब उसमें नमक डाल दें।
- सिरके को 10 मिनट तक सभी मसाले, कटहल व आम की फाँक के साथ पकने दें।
- जब सिरका ठंडा हो जाये तो किसी बरनी में भरकर रख दें। सिरका तैयार हो गया।
- यह वर्ष भर प्रयोग में लाया जा सकता है।

अमड़े का अचार

सामग्री

2 किलो	अमड़ा
200 ग्राम	नमक
25 ग्राम	मेथी
20 ग्राम	मंगरैल (कलौंज़ी)
250 ग्राम	सौंफ
50 ग्राम	सरसों
50 ग्राम	पिसी हल्दी
100 ग्राम	पिसी मिर्च
500 ग्राम	सरसों का तेल
	हींग स्वादानुसार

बनाने की विधि

- अमड़े को धोकर दो फाँक में काट लें।
- कटे हुए फाँक को 1 घंटे के लिए धूप में डाल दें जिससे उसका पानी सूख जाये।
- अब गैस पर एक कड़ाही में मेथी, भून लें, सौंफ थोड़ा हल्का भूनें, मंगरैल को भी भूनकर निकाल लें।
- मिक्सी में मेथी, सौंफ और सरसों डालकर दरदरा पीस लें।
- एक भगोने में अमड़ा और सभी मसाले, तेल, नमक, हींग, सरसों का तेल, मंगरैल (खड़ा) ही डालें।
- सब मसाले और अमड़ा को मिक्स कर लें और एक बरनी में भरकर धूप में 4-5 दिन रख दें।
- अचार तैयार हो गया।
- यह अचार वर्ष भर प्रयोग में लाया जा सकता है।

करौदें का अचार

सामग्री

1 किलो	करौंदा
100 ग्राम	हरी मिर्च
1 बड़ा चम्मच	मेथी
1 बड़ा चम्मच	मंगरैल
1 बड़ा चम्मच	सौंफ
1 बड़ा चम्मच	सरसों
2 बड़ा चम्मच	पिसी हल्दी
2 बड़ा चम्मच	पिसी लाल मिर्च
100 ग्राम	नमक
250 ग्राम	सरसों का तेल
	हींग स्वादानुसार

बनाने की विधि

- करौंदे को धोकर 2 टुकड़े में काट लें, और उसको एक घंटे के लिए धूप में सुखा लें जिससे उसका पानी सूख जाये।
- हरी मिर्च को भी धोकर 2 टुकड़े में काट लें और उसका भी पानी सुखा लें।
- गैस पर एक कड़ाही में मेथी, सौंफ, और मंगरैल भून लें। मिक्सी में मेथी, सौंफ, सरसों को दरदरा पीस लें, मंगरैल खड़ी ही रहेगी।
- अब एक बरतन में करौंदा, हरी मिर्च, तेल, हींग, बाक़ी सभी मसाले व सरसों का तेल डालकर मिक्स कर लें।
- मिश्रण को एक बरनी में भरकर 4-5 दिन धूप में रख दें।
- करौंदे का अचार तैयार हो गया।
- यह अचार भी वर्ष भर प्रयोग में लाया जा सकता है।

लहसुन का अचार (लहसुनाद)

सामग्री

500 ग्राम	छिला लहसुन
100 ग्राम	सरसों का तेल
2 चम्मच	हल्दी पाउडर
50 ग्राम	सिरका
4 चम्मच	नमक
3 चम्मच	लाल मिर्च पाउडर
1 चम्मच	मेथी
1 चम्मच	मंगरैल
2 चम्मच	मोटी सौंफ
2 चम्मच	सरसों
	हींग स्वादानुस

बनाने की विधि

- गैस पर कड़ाही चढ़ा दें। गैस को जला दें।
- अब कड़ाही में मेथी, मंगरैल डालकर भूनें।
- जब मेथी, मंगरैल भुन जाये तब उसमें सौंफ डालकर 2-4 बार चलाकर उतार लें। गैस को बन्द कर दें।
- भुने मसालों को कड़ाही से निकाल लें।
- मसाला ठंडा हो जाये तब मिक्सी में डालकर, साथ में सरसों भी डालकर पीसें।
- मसाला थोड़ा दरदरा पिसा होना चाहिए। एक बरतन में लहसुन को रख लें।
- उसमें सभी पिसे मसाले, हल्दी पाउडर, मिर्च पाउडर, नमक, हींग, सिरका और तेल डालकर मिक्स कर लें और एक बरनी में भरकर 4-5 दिन धूप में रख दें।
- लहसुन का अचार बनकर तैयार है।

विशेष - अवध के गाँवों में लहसुन के अचार को 'लहसुनाद' भी कहते हैं। लहसुनाद का प्रयोग वर्ष भर किया जा सकता है।

सिंघाड़े का अचार

सामग्री

1 किलो	कच्चा सिंघाड़ा छिलके सहित
4 बड़ा चम्मच	सरसों
2 गाँठ	बड़ा लहसुन छिला हुआ
2 बड़ा चम्मच	लाल मिर्च पाउडर
2 बड़ा चम्मच	हल्दी पाउडर
2 बड़ा चम्मच	नमक
150 ग्राम	सरसों का तेल

बनाने की विधि

- सिंघाड़े को धोकर हल्का उबाल लें। उसको ठंडा करके दोनों तरफ़ के काँटे को काटकर निकाल दें।
- अब सिंघाड़े को बीच से काटकर दो टुकड़ा कर दें और उसको 1 घंटा धूप में फैला दें ताकि उसका पानी सूख जाये।
- सरसों और लहसुन को पीस लें।
- सिंघाड़े को किसी बरतन में निकाल लें उसमें सरसों, लहसुन, मिर्च, हल्दी, नमक और सरसों का तेल डालकर मिला दें।
- अचार को एक बरनी में भरकर धूप में रख दें।
- अचार दूसरे दिन खाने लायक तैयार हो जायेगा।
- यह अचार 8-10 दिन तक ही चलता है।
- यह अचार बहुत पौष्टिक भी होता है। कुछ स्थानों पर सिंघाड़े के अचार का प्रयोग सिंघाड़े की सब्ज़ी के तौर पर भी किया जाता है।

कटहल का अचार

सामग्री

डेढ़ किलो	कटहल (रेशेदार)
750 ग्राम	सरसों का तेल
20 ग्राम	मेथी
20 ग्राम	मंगरैल (कलौंज़ी)
25 ग्राम	सौंफ
25 ग्राम	सरसों
25 ग्राम	हल्दी (पिसी)
40 ग्राम	कुटा मिर्च
1 चम्मच	हींग
	नमक स्वाद अनुसार

बनाने की विधि

- कटहल को पानी से धो लें एक भगोने में आधा भगोना पानी गैस पर चढ़ा कर गैस को जला दें।
- एक जालीदार बरतन में कटहल को पानी के ऊपर रख दें और उसको किसी ढक्कन से ढक दें।
- 10 मिनट बाद गैस को बन्द कर दें और कटहल को सूखे कपड़े पर धूप में 2-3 घंटे के लिए फैला दें।
- कटहल को एक घण्टे बाद उलट-पलट दें गैस पर कड़ाही चढ़ा कर गैस को जला दें।
- कड़ाही में मेथी डाल कर भूनें। जब मेथी लाल हो जाये तब उसमें सौंफ डाल कर थोड़ी देर चलाकर कड़ाही से बाहर निकाल लें।
- अब उसमें मंगरैल डाल कर भुन लें और गैस को बन्द कर दें।
- मसालों को कड़ाही से बाहर निकाल लें।
- सरसों, मेथी, सौंफ एक साथ दरदरा पीस लें।
- कटहल में मंगरैल (खड़ा), हल्दी, मिर्च पाउडर नमक, तेल, हींग व दरदरें मसाले डाल कर मिक्स करके एक बरनी में भरकर एक हफ्ते तक धूप में रखें।
- कटहल का अचार तैयार हो गया। यह अचार एक साल तक प्रयोग किया जा सकता है।

दाल की बड़ियाँ

दाल की बड़ी (कोहड़ौरी)

सामग्री

1 किलो	धुली उड़द की दाल
50 ग्राम	अदरक
50 ग्राम	हरी मिर्च
500 ग्राम	सफेद कद्दू
10	बड़ी इलायची
20	हरी इलायची
25	लौंग
25	ग्राम जीरा
25 ग्राम	काली मिर्च
10	तेज पत्ता
5 इंच	दाल चीली
50 ग्राम	लाल मिर्चा पिसा हुआ
आधा चम्मच	हींग

लगभग 150 से 200 नग आकार के अनुसार

बनाने की विधि

- उड़द की धुली दाल को साफ़ करके 4-5 घंटे के लिए पानी में भिगो दें। भीगी दाल को सूखा दरदरा पीस लें। दाल को बहुत बारीक़ न करें। दाल की पीठी को रात भर रख दें। दूसरे दिन दाल की पीठी ख़ूब फूल कर ऊपर तक आ जायेगी। दाल की पीठी को ख़ूब फेंटें। किसी बरतन में पानी ले लें फिर उसमें फेंटी हुई पीठी को पकौड़ी जैसी डालें, जब पकौड़ी पानी में तैरने लगे तब समझिये पीठी तैयार हो गयी है।
- अब कद्दू को कद्दूकस कर लें। अदरक, हरी मिर्च को कूट लें, उसके बाद सभी खड़े मसाले पानी के साथ मिक्सी में पीस लें। पीठी में सभी मसाले अदरक, हरी मिर्च, लाल मिर्ची पाउडर, नमक और हींग डालकर अच्छी तरह मिला लें।
- धूप में पालिथीन अथवा चादर फैला दें। उसी पर छोटी-छोटी बड़िया (पकौड़ी की तरह) डाल दें। दो दिन बाद बड़िया हल्की सूख जायेंगी, तब उसको पालिथीन से छुड़ा दें। एक हफ्ते लगातार कोहड़ौरी को धूप में सुखायें। अच्छी तरह सूखने के बाद डिब्बे में भर कर रख दें। यह कोहड़ौरी वर्ष भर या उससे अधिक भी प्रयोग की जा सकती है।

सावधानी

सभी बड़ियों (कोहड़ौरी) को कड़ी धूप में लगभग एक सप्ताह तक सुखाना आवश्यक है। कम सूखने पर बड़ियों में कीड़े लगने की सम्भावना रहती है।

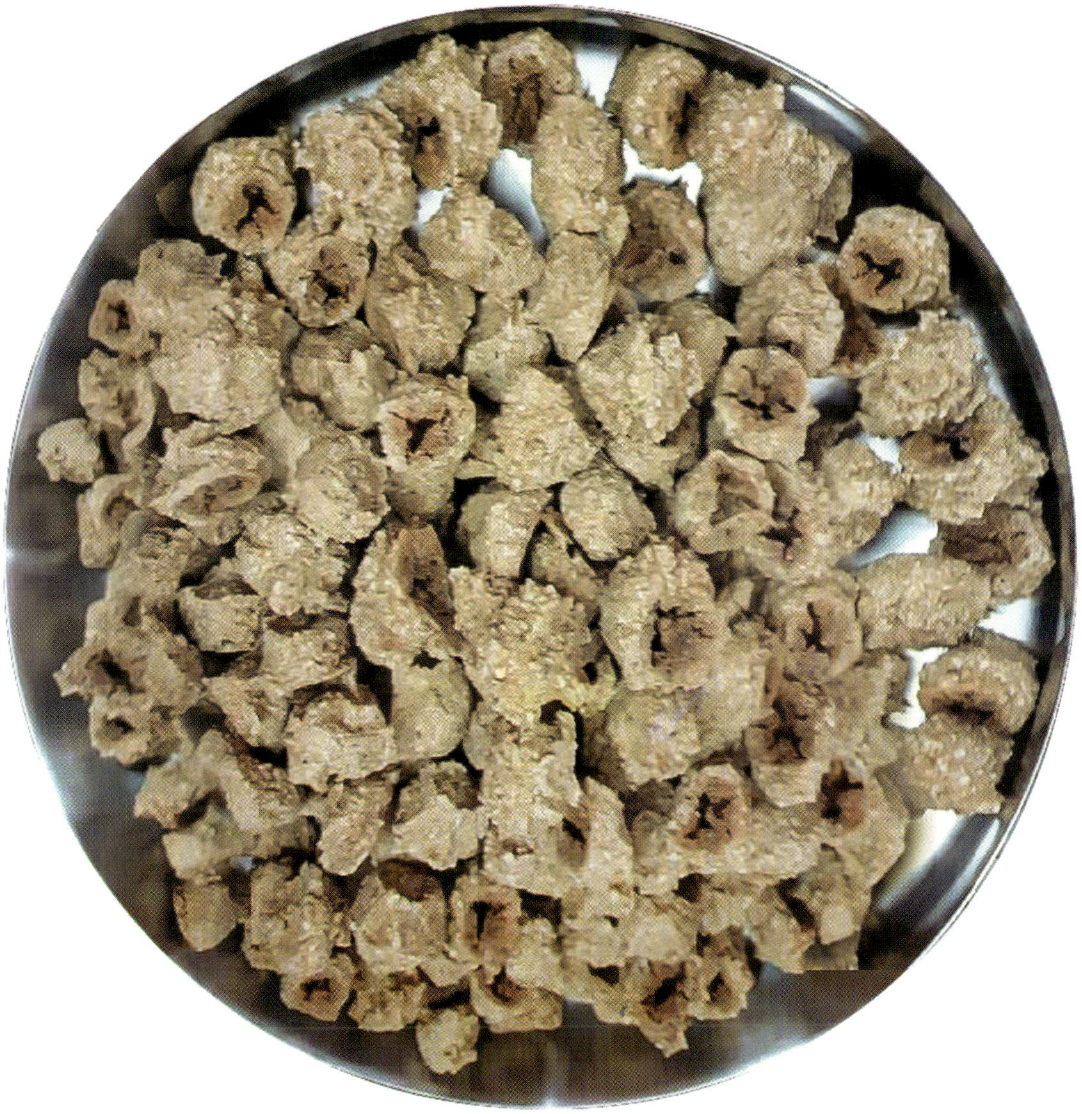

विशेष - ग्रामीण क्षेत्रों में कोहड़ौरी, मुंगौड़ी व अचार गृहस्थी का अनिवार्य हिस्सा होती है। एक बार बनने के पश्चात् पूरे साल इसको प्रयोग किया जाता है। महिलाएँ इन चीजों को सुरक्षित रखने हेतु समय समय पर तेज धूप में भी रखती हैं तथा रखते समय या बनाने समय साफ़-सफ़ाई का विशेष ध्यान रखती हैं।

चूँकि यह गृहस्थी का अभिन्न हिस्सा है अतः इससे कुछ परम्पराएँ व अनुष्ठान भी इन गतिविधियों से जुड़े हुए हैं। कोहड़ौरी सामान्यतः चैत्र, बैसाख व ज्येष्ठ माह में डाली जाती है। इन तीन महीनों में कड़ी धूप रहती है। जिस घर में कोहड़ौरी डाली जाती है (खोंटी) वहाँ कम-से-कम पाँच महिलाएँ नहा-धोकर प्रातः एकत्र होती हैं। एक साथ सभी पाँच-पाँच कोहड़ौरी खोटती हैं।

कोहड़ौरी पर सिन्दूर व रोली चढ़ती है, अगरबत्ती जला कर देवी का आह्वान किया जाता है। उसके बाद सूखी हुआ पाँच लाल मिर्च चढ़ाई जाती है। कोहड़ौरी डालते समय महिलाएँ देवी-गीत व सोहर भी गाती हैं। यह उत्सव की भाँति पूरे गाँव के लगभग सभी घरों में दो तीन महीनों तक चलता रहता है।

मूँग दाल की बड़ी (मुँगौड़ी)

सामग्री

1 किलो	धुली मूँग की दाल
20 ग्राम	जीरा
	नमक स्वादानुसार

बनाने की विधि

- मूँग की दाल को 5-6 घंटे भिगो दें। भीगी दाल को दरदरा पीस लें।
- दूसरे दिन मूँग दाल पीठी को खूऋब फेंट लें और उसमें जीरा व स्वाद अनुसार नमक लें।
- फिर धूप में प्लास्टिक की चादर अथवा कोई अन्य चादर पर बड़ी बनाकर डाल दें।
- थोड़ा सूख जाने पर उसको अलग कर लें।
- क़रीब 8-10 दिन धूप में खूब सुखायें। इसे तल कर खाने के साथ खायें। लौकी की मसालेदार सब्ज़ी में मूँगौड़ी का प्रयोग होता है।

सावधानी - दाल की पीठी को ख़ूब फेंटकर रख लें। पीठी में एक चम्मच पीठी पानी में डालें जब वह तैरने लगे तब समझिये कि पीठी तैयार हो गयी।

मूँगौड़ी डालते समय ध्यान रखें कि आकार में यह लगभग 1 इंच व्यास के बराबर हो। मूँगौड़ी सामान्यतः छोटी-छोटी ही डाली जाती है। एक इंच व्यास की मूँगौड़ी सूखने पर और छोटी हो जाती है।

अन्य

आरोग्य-धर्मार्थकाममोक्षाणामारोग्य मूलमुमम्।

(चरक सूत्रः 1/15)

आरोग्य, धर्म, अर्थ, काम और मोक्ष इन चार पुरुषार्थों की प्राप्ति का प्रधान साधन है।

फरा (गोइठा, खिसनिपुरा)

सामग्री

250 ग्राम	उड़द की दाल धुली हुई
400 ग्राम	चावल का आटा
डेढ़ चम्मच	जीरा
3-4	हरी मिर्च
आधा चम्मच	काली मिर्च
	हींग
1	बड़ी इलायची
	नमक स्वादानुसार

लगभग 25 से 30 नग आकार के अनुसार

बनाने की विधि

- उड़द की दाल को धोकर 4-5 घंटे के लिए भिगो दें।
- दाल को धोकर दरदरा पीस लें। जीरा, मिर्च, काली मिर्च, इलायची भी पीस लें।
- पीठी में सब मसाला, हींग और नमक मिला लें। पीठी गीली न हो इसका ध्यान रखें।
- गरम पानी से चावल के आटे को गूँध लें। आटे में स्वादानुसार नमक भी मिला दें।
- एक बड़े भगोने में आधा भगोना पानी गैस पर रख दें। गैस को जला दें।
- जब पानी उबलने लगे तब एक चम्मच तेल पानी में डाल दें।
- आटे की छोटी-छोटी लोई बना लें।
- छोटी लोई को हाथ से पूड़ी के आकार का फैलाकर बड़ा कर लें।
- पूड़ी पर पीठी रखकर गुझिया की तरह मोड़ लें।
- इसी तरह सब फरा बनाकर उबलते पानी में डाल दें।
- फरा उबलने लगे तो भगोने को ढँक दें। गैस को धीमा करके फरे को 20-25 मिनट पकने दें, जब फरा भगोने में ऊपर तैरने लगे तब गैस को बन्द कर दें।
- जब फरा थोड़ा ठंडा हो जाये तब उसको पानी में से निकाल लें।
- एक बरतन में सादा पानी लेकर हाथ में लगा लें। पानी लगे हाथ से फरा को पोंछ कर अलग रख दें।
- फरा तैयार हो गया है।
- ये हरी चटनी से खाने में अच्छा लगता है।

भाप से पकाने की विधि

- एक भगोने में पानी भर दें। भगोने के मुँह पर मलमल का कपड़ा बाँध कपड़े पर ऊपर से फैला दें।
- फैले हुए फरे को एक थाली से ढँक कर आधा घंटा तक पकायें।
- भाप से तैयार फरे को छोटे-छोटे टुकड़े काटकर राई का तड़का लगाकर लच्छे में प्याज डालकर हल्का भूनकर नमक छिड़क कर भी खाते हैं।
- उड़द की दाल के स्थान पर चने की दाल का भी प्रयोग किया जा सकता है। भाप से पकाने के लिए तैयार किये गये फरे का मुँह कभी-कभी खुला भी रह जाता है।

विशेष

1. उत्तर प्रदेश के प्रतापगढ़ जनपद में फरे को 'खिसनिपुरा' या 'गोइठा' कहा जाता है। जबकि फ़ैज़ाबाद जनपद में बिना पकाए हुए फरे को 'काठर गोलर' कहते हैं और पकने के बाद यह 'फरा' कहलाता है। कुछ स्थानों पर फरा को 'दाँत निकोसा' व 'पनबुड़ा' भी कहा जाता है।

2. भैया-दूज व करवा चौथ इन दो त्योहारों में चावल के फरे का भोग भगवान को अर्पण किया जाता है।

पिसुआ

सामग्री

5	काजू
5	बादाम
2	छुहारा
5	मुनक्का
1 छोटा	चम्मच चिरौंजीं
10	लावा मखाना
1 इंच टुकड़ा	गरी (नारियल)
1 इंच टुकड़ा	सोंठ
आधा छोटा	चम्मच जीरा
1 चम्मच	देशी घी
2 चम्मच	चीनी (मीठा स्वादानुसार)
500 ग्राम	दूध
2 इंच टुकड़ा	सोंठ

3 ग्लास हेतु पर्याप्त

बनाने की विधि

- सभी मेवा, सोंठ व हल्दी को बारीक़ पीस लें।
- कड़ाही चढ़ा कर गैस जला दें। कड़ाही में घी डाल दें।
- उसमें जीरा डाल दें।
- जब जीरा चटखने लगे तो उसमें पिसा हुआ मेवा डाल दें।
- मेवा को थोड़ा भून लें, अब उसमें दूध व चीनी डालकर थोड़ी देर उबाल लें।
- जब दूध अच्छी तरह उबल जाये तब उसको किसी बरतन में निकाल लें।
- पिसुआ तैयार हो गया।
- यह पेय अत्यधिक पौष्टिक होता है।

विशेष: महिलाओं को बच्चा होने के बाद क़रीब सवा महीने-डेढ़ महीने तक प्रतिदिन पिसुआ दिया जाता है।

अछवानी (हरियरा)

सामग्री

2 इंच टुकड़ा	सोंठ
1	छोटी गाँठ हल्दी
2	पीपर सतावर
1 चम्मच	अजवाइन
1 चम्मच	पोस्ता का दाना
10	लावा मखाना
1 बड़ा	चम्मच आटा
50-60 ग्राम	घी
50 ग्राम	चीनी या गुड़ (मीठा अपने पसन्द के अनुसार)
आधा चम्मच	जीरा
1 इंच	मुलेठी का टुकड़ा

4 कटोरी के लिए पर्याप्त सामग्री है।

बनाने की विधि

- सभी सामग्री को एक साथ पीस लें।
- गैस पर कड़ाही चढ़ाकर गैस जला दें। कड़ाही में घी डाल दें।
- जब घी गरम हो जाये तो उसमें जीरा डाल दें।
- जीरा चटकने लगे तो घी में आटा डाल कर सुनहरा होने तक भूनें।
- अब कड़ाही में सब मसाले डालकर भूनें। मसाला थोड़ा भुन जाये तब उसमें चीनी या गुड़ डाल दें।
- अब उसमें आधा लीटर पानी डालकर चलाते हुए 5 से 10 मिनट तक पकायें।
- अछवानी (हरियरा) पक कर तैयार है।

विशेष- हरियरा या अछवानी को अवध क्षेत्र में सद्यः प्रसूता महिलाओं (जच्चा) को 15-20 दिन तक सुबह, शाम खाने को दिया जाता है। इसमें प्रयुक्त मसाले व जड़ी-बूटियाँ औषधि का काम करती हैं।

मिर्चवानी

सामग्री

100 ग्राम	चीनी
2 बड़ा चम्मच	देशी घी
2 बड़ा चम्मच	काली मिर्च

4-5 व्यक्तियों के लिए पर्याप्त है।

बनाने की विधि

- काली मिर्च को कूट लें।
- अब एक बरतन में चीनी, काली मिर्च और पिघला हुआ देशी घी डालकर मिक्स कर लें।
- मिश्रण को किसी डिब्बे में रख दें।
- यह मिश्रण मिर्चवानी कहलाता है।
- हरितालिका तीज का निराजल व्रत महिलाएँ रहती हैं तब सुबह सबसे पहले मिर्चवानी ही खाकर पानी पीते हैं।

विशेष - यह हरितालिका तीज व्रत में व्रत के पारण से पूर्व खाया जाता है।

निर्जल व्रत (बिना पानी पिए 24 घंटे का उपवास) करने के कारण गले में रूखापन आ जाता है, ऐसी स्थिति में मिर्चवानी औषधि का काम करती है।

गेहूँ की बहुरी

5-6 व्यक्तियों के लिए पर्याप्त है।

सामग्री

1 किलो	गेहूँ
	गुड़
	लहसुन
	हरी मिर्च
	नमक

बनाने की विधि

- 1 किलो गेहूँ 24 घंटे के लिए भिगो दे।
- अब उसको पानी से छानकर 2-3 घंटे के लिए धूप में फैला दें।
- दो-तीन घंटे बाद गेहूँ को धूप से उठा लें और उसको भाड़ में भुनवा लें।
- बहुरी तैयार है।
- बहुरी खाने में बहुत मुलायम होती है।
- इसको गुड़ या लहसुन, मिर्च, नमक के कूटनी से खाते हैं।

हरे गेहूँ की उम्मी (हावूस)

सामग्री

हरे गेहूँ की एक-एक मुट्ठे की 2 गड्डी	गेहूँ (पेड़ सहित)
2 किलो	गन्ने की खोइया
2 पेड़	हरा लहसुन-पत्ती सहित
3-4	हरी मिर्च
2 चम्मच	सरसों का तेल
	नमक स्वाद अनुसार

4-5 व्यक्तियों के लिए पर्याप्त है।

बनाने की विधि

- गन्ने के खोइया को जला दें।
- जलती हुई खोइया में गेहूँ की बाली को आग में लटका दें।
- गड्डी को हाथ में पकड़ कर आग के ऊपर घुमाते रहें। धीरे-धीरे गेहूँ की बाली, गेहूँ की गड्डी में से जल-जलकर नीचे गिर जायेगी।
- अब गन्ने की खोइया को चलाते रहे, जब वह ठंडा हो जाये तो गेहूँ के बालों को अलग करके उसको सूप से फटक कर छिलका साफ़ कर लें।
- हरा लहसुन, हरे मिर्च को कूट लें और किसी बरतन में गेहूँ रख लें। उसमें मिर्च, लहसुन, तेल व नमक मिला लें। उम्मी तैयार हो गयी।
- उम्मी तैयार हो गयी।
- गेहूँ की उम्मी हरे गेहूँ से ही बनाई जाती है। यह बहुत पौष्टिक होती है।

विशेष - गेहूँ जब खेत में पक कर तैयार हो जाये किन्तू हरा ही रहे। गेहूँ की उम्मी हरे गेहूँ से ही बनाई जाती है।

हरे जौ और हरे मटर की उम्मी (हावूस)

सामग्री

2 गड्डी जौ का पेड़ (जब जौ पक जाये और हरा ही रहे। उसकी गड्डी बना लें)

250 ग्राम	हरे मटर के दाने
2 किलो	गन्ने की खोइया (गन्ने का रस निकलने के बाद बचा हुआ गन्ना)
3 पेड़	हरा लहसुन (पत्ती सहित)
4-5	हरा मिर्च
3 चम्मच	सरसों का तेल
नमक	स्वादानुसार

बनाने की विधि

- गन्ने की खोइया को जला दें। उसमें जौ की बाल हाथ से नीचे की ओर लटका कर पकड़ लें।
- जौ की गड्डी को आग के ऊपर घुमाते रहें। जब सब बाल जल कर आग में गिर जायें तब उसे घुमा-घुमा कर ठंडा कर लें।
- ठंडा करके भुने हुए जौ को बड़े खलबट्टे में कूट लें।
- कूटे हुए जौ को सूप में फटक कर साफ़ कर लें।
- मटर को हल्का उबाल लें उसको भी दरदरा कूट लें, बहुत बारीक़ न करें।
- लहसुन और हरी मिर्च भी कूट लें।
- अब एक बरतन में जौ, मटर, लहसुन, मिर्च, तेल व नमक डालकर मिला लें।
- उम्मी तैयार हो गयी।
- यह जाड़े में बनाई जाती हैं।
- उम्मी अत्यधिक पौष्टिक होती है। ग्रामीण क्षेत्रों में जाड़े के नाश्तें में यह बहुत प्रचलित है। उम्मी के साथ ताज़ा गन्ने का रस या शिखरन परोसा जाता है।

इक्षो रसो गुरुः स्निगधो बृंहणः कफमूत्रकृत्।।42।।
वृष्यः शीतोस्रपित्तध्नः स्वादुपाकरसः सरः।

गन्ना (ईख) के रस का वर्णन- ईख का रस सामान्य रूप से गुरू, स्निग्ध, बृंहण (पुष्टिकारक), कफ तथा मूत्र को बढ़ाने वाला होता है। यह वृष्य (वीर्यवर्धक), शीतल, रक्तपित्ताशक, रस एंव पाक में मधुर तथा सर (मलभेदक) होता है।।42।।

ईख के भेद- 1. पौंड्रक (पौंडा). 2. भीरूक, 3. वंशक, 4. शतपोरक (सौ गौठों वाला), 5. कान्तार, 6. तापसेक्षु (जंगलो में होने वाली ईख), 7. काणडेक्षु, 8. सूचिपत्रक (जिसके पत्ते सुई की भाँति चुभते हों या नाम-विशेष), 9. नैपाल (नेपाल देश में होने वाला), 10. दीर्घपत्र (नाम-विशेष, वैसे तो सभी ईखों के पत्ते लम्बे होते हैं), 11. नीलपोर (जिसकी गाँठों में नीली आभा हो), 12. कोशकृत् तथा 13. मनोगुप्ता- ये तेरह जातियाँ ईख की कही गयी है, इसी को 'ऊख' भी कहा जाता है। अंग्रेजी में इसे 'सुगर केन' कहते हैं। संस्कृत में इसका एक नाम 'गुडमूल' है अर्थात् ईख सभी प्रकार की मिठाइयों का मूल है।

अष्टांगहृदयम् सूत्रः 2014, 74

शिखरन

	सामग्री
1/4 लीटर	ताज़ा गन्ने का रस या 100 ग्राम राब (खांड)
100 ग्राम	गाढ़ा दही

2 गिलास हेतु पर्याप्त सामग्री है।

बनाने की विधि

- गन्ने का ताज़ा रस ले लें। (यदि गन्ने का ताज़ा रस न हो, तब राब लें। राब को ठंडे पानी में घोल लें। पानी उतना डालें जितना आपको मीठा पसन्द हो। जब राब पानी में अच्छी तरह घुल जाये तब उसको छन्ने से छान लें।)
- दही को गिलास में डालकर हल्का-सा चला लें।
- ऊपर से गन्ने का रस डाल दें। शिखरन तैयार हो गया। गर्मियों में शिखरन, राब से बनाया जाता है। जाड़े में ताज़ा गन्ने का रस प्रयोग किया जाता है।

विशेष - गर्मियों में भीगे हुए चने की दाल (लहसुन व मिर्च के छोटे-छोटे टुकड़े व नमक को मिलाकर) शिखरन के साथ सुबह के नाश्ते में ग्रामीण क्षेत्रों में खाया जाता है।

ताज़े रस का शिखरनसर्दियों में बनता है। गन्ने के रस में मटके का दूध और साढ़ी (मलाई) भी डाली जाती है। सर्दियों में शिखरन, हरे मटर की घुघरी के साथ खाया जाता है।

देवोत्थान एकादशी (प्रबोधनी एकादशी) कार्तिक शुक्ल पक्ष की एकादशी को कहते हैं। देवोत्थान एकादशी के दिन गन्ने के खेत से पहली बार गन्ना काटकर पूजा की जाती है। इसके बाद गन्ने की पेराई शुरू हो जाती है, नया गुड़ बनना शुरू हो जाता है। इसी समय ग्रामीण क्षेत्र में शिखरन, भुने हुए नये आलू और ताजे मटर की पुपुरी व कुटनी सुबह के नाश्ते में प्रमुखता से लिया जाता था। वर्तमान में इस प्रकार के नाश्ते का चलन कम हो रहा है।

मक्के का परमल

सामग्री

एक किलो	मक्का का दाना (दाना कड़ा होना चाहिए)

बनाने की विधि

- मक्के का भुट्टा जब थोड़ा कड़ा हो जाये तब उसका दाना निकाल लें और उसको भाड़ में हल्का भुनवा लें।
- मकई के भुने दाने को गरमगरम ही ओखली और मूसल से कूटें। जब मकई का दाना चिपटा हो जाये तब ओखली से निकाल कर सूप से फटक दें।
- अच्छी तरह फटक कर मकई के दाने को 2-3 दिन धूप में सुखायें।
- फटककर साफ़ की गयी मकई को फिर से भाड़ में भुनवायें और उसको फिर से फटक कर साफ़ कर लें।
- अब परमल तैयार हो गया।
- परमल को ग्रामीण अंचलों में नमक अथवा लहसुन-मिर्च की कुटनी से खाते हैं।

5-6 व्यक्तियों के लिए पर्याप्त है।

भुक्का

सामग्री

200 ग्राम	भुने हुए मक्के के दाने
6-7 कलियाँ	लहसुन
2 चम्मच	सरसों का तेल
	गुड़ स्वादानुसार

2-3 व्यक्तियों के लिए पर्याप्त है।

बनाने की विधि

- मक्के के भुने दानों को ओखली-मूसल से कूट लें। उसमें नमक, लहसुन और हल्का सरसों का तेल मिलाकर लें।
- भुक्का तैयार है।
- मीठा बनाने के लिए भुक्का में गुड़ मिला लें।
- भुक्का मक्के के अतिरिक्त भुना चना, लइया और मक्के के लावा का भी बनाया जाता है।
- यह ग्रामीण क्षेत्रों में अधिक उम्र के लोग, जिनके दाँत नहीं थे अथवा जिन्हें चबाने में परेशानी होती थी, ऐसे लोगों के लिए भुक्का बनाया जाता था।

ऋतुएँ

क्रम संख्या	ऋतुएँ (Seasons)	सौर माह (Solar Calendar)	चन्द्र माह (Lunar Calendar)
1.	**बसन्त ऋतु (Spring Season)**	मार्च, अप्रैल	चैत्र, बैसाख
2.	**ग्रीष्म ऋतु (Summer Season)**	मई, जून	ज्येष्ठ, अषाढ़
3.	**वर्षा ऋतु (Rainy Season)**	जुलाई, अगस्त	श्रावण, भाद्रपद
4.	**शरद ऋतु (Autumn Season)**	सितम्बर, अक्टूबर	आश्विन, कार्तिक
5.	**हेमन्त ऋतु (Hemant Season)**	नवम्बर, दिसम्बर	मार्गशीर्ष, पौष
6.	**शीत ऋतु (Winter Season)**	जनवरी, फरवरी	माघ, फाल्गुन

सन्दर्भ ग्रन्थ

- हिन्दी के लोकगीत, 2002, महेश प्रताप नारायण अवस्थी सत्यवती प्रज्ञालोक प्रकाशन
- अष्टांग हृदयम, 2014 काव्यकार डॉ. ब्रह्मानन्द त्रिपाठी चौखम्बा संस्कृत प्रतिष्ठान, दिल्ली
- ऋग्वेद, https://holybooks.com.rig-veda (Accessed on 21st July 2021)
- अष्टांग हृयुदम (सूत्रस्थानम्) एवं मौलिक सिद्धान्त, 2018 व्याख्याकार, प्रो. अनन्तराम शर्मा, चौखम्बा सुरभारती प्रकाशन, वाराणसी
- घाघ और भड्डरी की कहावतें, 2008, डॉ. रमेश प्रताप सिंह, उत्तर प्रदेश हिन्दी संस्थान, लखनऊ
- फ़ैज़ाबाद का सांस्कृतिक गज़ेटियर, 2016, डॉ. नीतू सिंह, वाणी प्रकाशन, नयी दिल्ली
- Glimpse of the Rig Veda, 2015. Priyavarta Das. Vaidik Anusthan Pratisthan Publication, Bhubhaneshwar Odisha.
- RIG-VEDA – Sanhita: The Sacred Hymns of the Brahmans. 1869, Trubner and co., Paternoster Row. London (https://www.rarebooksocietyofindia.org) (Accessed on 21st July 2021)
- Ayurveda : Life, Health and Longevity. 1992. Robert E. Svoboda, Penguin Books, New Delhi.
- वाल्मीकि की पर्यावरण चेतना, भाग 1, वाल्मीकि रामायण में वर्णित वनस्पतियों का अध्ययन - 2015, डॉ. महेंद्र प्रताप सिंह, अभ्युदय प्रकाशन, लखनऊ